Keynes |
Wirtschaftliche Möglichkeiten für unsere Enkel

[Was bedeutet das alles?]

John Maynard Keynes

Wirtschaftliche Möglichkeiten für unsere Enkel

Übersetzt und herausgegeben von Jens C. Knipp

Mit einem Essay von Ulrike Herrmann

Reclam

RECLAMS UNIVERSAL-BIBLIOTHEK Nr. 14493
2024 Philipp Reclam jun. Verlag GmbH,
Siemensstraße 32, 71254 Ditzingen
Gestaltung: Cornelia Feyll, Friedrich Forssman
Druck und Bindung: Esser printSolutions GmbH,
Untere Sonnenstraße 5, 84030 Ergolding
Printed in Germany 2024
RECLAM, UNIVERSAL-BIBLIOTHEK und
RECLAMS UNIVERSAL-BIBLIOTHEK sind eingetragene Marken
der Philipp Reclam jun. GmbH & Co. KG, Stuttgart
ISBN 978-3-15-014493-0

Auch als E-Book erhältlich

www.reclam.de

Inhalt

Wirtschaftliche Möglichkeiten für unsere Enkel (1930)

John Maynard Keynes

I

Wir leiden im Moment an einem schlimmen Anfall von Wirtschaftspessimismus. Man hört von den Leuten oft, dass die Epoche des enormen wirtschaftlichen Fortschritts, der das 19. Jahrhundert geprägt hat, vorüber ist; dass die rasche Verbesserung des Lebensstandards sich nun verlangsamen wird – jedenfalls in Großbritannien; dass in dem vor uns liegenden Jahrzehnt ein Rückgang des Wohlstands wahrscheinlicher ist als ein Anstieg.

Ich bin überzeugt, dies ist eine vollkommen falsche Interpretation dessen, was gerade mit uns geschieht. Wir leiden nicht an Altersrheumatismus, sondern an den Wachstumsschmerzen überschnellen Wandels, an der schmerzhaften Neuanpassung zwischen einer Wirtschaftsphase und der nächsten. Die Steigerung der technischen Effizienz hat sich schneller vollzogen, als wir uns um das Problem der Arbeitsabsorption kümmern konnten; die Verbesserung des Lebensstandards ging ein wenig zu rasch vor sich; das Banken- und Währungssystem der Welt hat verhindert, dass der Zinssatz so schnell fällt, wie es das Gleichgewicht erfordert hätte. Und trotzdem macht die daraus folgende Verschwendung und Verwirrung nicht mehr als 7,5 Prozent des Nationaleinkommens aus; wir vergeuden 1,5 Shilling von jedem Pfund und haben nur noch 18,5 Shilling übrig, wo wir, wären wir vernünftig, 1 Pfund hätten. Dennoch entsprechen die 18,5 Shilling dem Wert, den 1 Pfund vor fünf oder sechs Jahren gehabt hätte. Wir vergessen dabei, dass die Industrieproduktion in Großbritannien 1929 größer war als je zuvor und dass unser Handelsbilanzüberschuss, der nach Abzug aller Importe für Auslandsinvestitionen zur Verfügung steht, letztes Jahr größer war als der jedes anderen Landes, sogar 50 Prozent höher als der entsprechende Überschuss der Vereinigten Staaten. Oder nehmen wir wiederum an – wenn es um Vergleiche gehen soll –, wir würden unsere Löhne um die Hälfte senken, vier Fünftel unserer Staatsschulden zurückweisen und unseren überschüssigen Reichtum in Goldbarren horten, anstatt ihn zu 6 Prozent oder mehr zu verleihen, dann würden wir dem heute viel beneideten Frankreich gleichen. Doch wäre das eine Verbesserung?

Die vorherrschende weltweite Depression, die ungeheuerliche Anomalie der Arbeitslosigkeit in einer Welt voller Bedürfnisse, die katastrophalen Fehler, die wir gemacht haben, lassen uns blind werden für das, was unter der Oberfläche vorgeht – für die wahre Deutung der Entwicklung der Dinge. Denn ich prophezeie, dass die beiden gegensätzlichen Irrtümer des Pessimismus, die gerade so viel Lärm in der Welt machen, sich noch zu unseren Lebzeiten als gleichermaßen falsch erweisen werden: der Pessimismus der Revolutionäre, die glauben, dass die Dinge so schlecht stehen, dass uns nichts mehr retten kann außer gewalttätigen Umstürzen; und der Pessimismus der Reaktionären, die das Gleichgewicht zwischen unserem wirtschaftlichen und gesellschaftlichen Leben für so prekär halten, dass wir keine Experimente wagen dürfen.

Meine Absicht besteht in diesem Aufsatz jedoch nicht

darin, die Gegenwart oder die nahe Zukunft zu untersuchen, sondern mich von Kurzfristigkeiten frei zu machen und mich in die Zukunft aufzuschwingen. Welches Niveau unseres Wirtschaftslebens dürfen wir in 100 Jahren vernünftigerweise erwarten? Was sind die wirtschaftlichen Möglichkeiten für unsere Enkel?

Von den frühesten Zeiten, aus denen wir Aufzeichnungen haben – zurück also, sagen wir, bis 2000 Jahre v. Chr. –, gab es bis zum Beginn des 18. Jahrhunderts keine großen Veränderungen im Lebensstandard durchschnittlicher Menschen, die in den zivilisierten Zentren der Erde lebten. Gewiss, es gab Höhen und Tiefen. Gelegentliche Heimsuchungen von Seuchen, Hungersnöten und Kriegen. Goldene Zwischenzeiten. Aber keine fortschreitenden, stürmischen Veränderungen. Einige Perioden waren vielleicht 50 Prozent besser als andere – oder höchstens 100 Prozent – in den 4000 Jahren, die (sagen wir) im Jahr 1700 endeten.

Dieser langsame Fortschritt – oder besser gesagt: dieser Mangel an Fortschritt – lässt sich auf zwei Gründe zurückführen, nämlich auf die bemerkenswerte Abwesenheit bedeutsamer technischer Fortschritte und auf das Fehlen von Kapitalakkumulation.

Die Abwesenheit bedeutender technischer Erfindungen zwischen prähistorischen und vergleichsweise modernen Zeiten ist wirklich bemerkenswert. Fast alles, was wirklich wichtig ist und was die Welt an der Schwelle zur Moderne besaß, war den Menschen bereits in der Morgendämmerung der Geschichte bekannt. Sprache, Feuer, die gleichen Nutztiere wie heute, Weizen, Gerste, Wein und Oliven, der Pflug, das Rad, das Ruder, das Segel, Leder, Leinen und Stoff, Ziegel und Töpfe, Gold und Silber, Kupfer, Zinn und

Blei – und Eisen wurde der Liste vor 1000 v. Chr. noch hinzugefügt –, Bankwesen, Staatskunst, Mathematik, Astronomie und Religion. Es gibt keine Aufzeichnungen darüber, wann wir diese Dinge erstmals besaßen.

In irgendeiner Epoche vor Anbruch der Geschichte, vielleicht sogar in einem jener angenehmen Zeiträume vor der letzten Eiszeit, muss es eine Ära des Fortschritts und der Erfindungen gegeben haben, die mit derjenigen vergleichbar ist, in der wir heute leben. Doch während der längsten Zeit der dokumentierten Geschichte gab es nichts dergleichen.

Die Moderne hat, denke ich, mit der Kapitalakkumulation eingesetzt, die im 16. Jahrhundert begann. Aus Gründen, mit denen ich diese Ausführungen nicht belasten sollte, bin ich der Ansicht, dass dies anfänglich auf den Preisanstieg und die damit einhergehenden Profite zurückzuführen war, die wiederum aus dem Gold- und Silberschatz resultierten, den die Spanier aus der Neuen in die Alte Welt verbrachten. Von dieser Zeit an bis heute wurde die Macht der Akkumulation durch Zinseszins, die viele Generationen lang geschlafen zu haben scheint, wiedergeboren und hat ihre Kraft erneuert. Und die Macht des Zinseszinses über 200 Jahre hinweg ist etwas, das die Vorstellungskraft wirklich ins Schleudern bringen kann.

Lassen Sie mich zur Veranschaulichung eine Summe, die ich ausgerechnet habe, nennen. Der Wert aller gegenwärtigen britischen Auslandsinvestitionen wird auf ungefähr 4 Milliarden Pfund geschätzt. Diese werfen ein Einkommen von etwa 6,5 Prozent ab. Die Hälfte davon bringen wir nach Hause und genießen sie; die andere Hälfte, nämlich 3,25 Prozent, lassen wir im Ausland durch Zinseszins wachsen. Etwas in dieser Art geht nun seit etwa 250 Jahren vor sich.

Ich führe nämlich die Anfänge der britischen Auslandsinvestitionen auf den Schatz zurück, den Drake 1580 von Spanien stahl. In diesem Jahr kehrte er nach England zurück und brachte seine gewaltige Beute in der *Golden Hind* mit. Königin Elisabeth hielt beträchtliche Anteile an dem Konsortium, das die Expedition finanziert hatte. Von ihrer Beteiligung beglich sie sämtliche Auslandsschulden Englands, glich ihren Haushalt aus und behielt noch ungefähr 40 000 Pfund übrig. Diese investierte sie in die Levante-Gesellschaft, die prosperierte. Mit den Gewinnen der Levante-Gesellschaft wurde die Britische Ostindien-Kompanie gegründet; und die Profite dieses großen Unternehmens legten den Grundstein für Englands zukünftige Auslandsinvestitionen. Nun fügt es sich, dass 40 000 Pfund, die sich mit einer Zinseszinsrate von 3,25 Prozent vermehren, in etwa dem tatsächlichen Umfang der englischen Auslandsinvestitionen zu verschiedenen Zeitpunkten entsprechen und sich heute zu einer Gesamtsumme von 4 Milliarden Pfund summieren würden, die ich bereits als diejenige genannt habe, auf die sich unsere Auslandsinvestitionen aktuell belaufen. Folglich wurden aus jedem Pfund, das Drake 1580 mit nach Hause gebracht hat, bis heute 100 000 Pfund. Das ist die Macht des Zinseszins!

Ab dem 16. Jahrhundert begann, mit einem Wachstums-Crescendo nach dem 18. Jahrhundert, das große Zeitalter der Wissenschaft und der technischen Erfindungen, das seit Anfang des 19. Jahrhunderts in voller Fahrt ist: Kohle, Dampf, Elektrizität, Benzin, Stahl, Gummi, Baumwolle, die Chemie-Industrie, Automatisierung und die Verfahren der Massenproduktion, Funk, Druck, Newton, Darwin und Einstein sowie tausende weiterer Dinge und

Menschen, die zu berühmt und vertraut sind, um sie alle aufzuzählen.

Mit welchem Ergebnis? Trotz eines enormen Wachstums der Weltbevölkerung, das eine Versorgung mit Häusern und Geräten notwendig machte, hat sich der durchschnittliche Lebensstandard in Europa und den Vereinigten Staaten meiner Schätzung nach etwa vervierfacht. Das Wachstum des Kapitals liegt in einer Größenordnung, die weit jenseits des Hundertfachen dessen ist, was irgendein vorheriges Zeitalter gekannt hat. Und von nun an brauchen wir auch kein so großes Bevölkerungswachstum mehr zu erwarten.

Wenn das Kapital, sagen wir, jährlich um 2 Prozent wächst, wird es sich in 20 Jahren um die Hälfte und in 100 Jahren um das Siebeneinhalbfache vermehrt haben. Stellen Sie sich das in Bezug auf materielle Dinge vor – Häuser, Transportmittel und dergleichen.

Zugleich ist der technische Fortschritt in der Fertigung und im Transportwesen in den letzten zehn Jahren stärker vorangeschritten als jemals zuvor in der Geschichte. In den Vereinigten Staaten lag die Industrieproduktion pro Kopf im Jahr 1925 40 Prozent höher als 1919. In Europa werden wir von vorübergehenden Hindernissen gebremst, doch trotzdem kann man mit Sicherheit sagen, dass die technische Effizienz um mehr als 1 Prozent pro Jahr steigen wird. Man kann davon ausgehen, dass die bahnbrechenden technischen Umwälzungen, die bislang hauptsächlich die Industrie betrafen, bald auch auf die Landwirtschaft übergreifen könnten. Wir stehen möglicherweise an der Schwelle zu Fortschritten in der Effizienz der Nahrungsmittelproduktion, die ebenso groß sind wie diejenigen, die im Bergbau, in der Fertigung und im Transportwesen bereits stattgefunden haben. In einigen Jahren – noch zu unseren Lebzeiten, meine ich – könnten wir alle Tätigkeiten in den Bereichen Landwirtschaft, Bergbau und Fertigung mit bloß noch einem Viertel des menschlichen Aufwandes erledigen, den wir bisher gewöhnt waren.

Im Augenblick schmerzt uns die schiere Geschwindigkeit dieses Wandels und konfrontiert uns mit schwierigen Problemen, die es zu lösen gilt. Diejenigen Länder, die keine Vorreiter sind, leiden vergleichsweise weniger darunter. Wir werden von einer neuen Krankheit geplagt, deren Namen einige Leser noch nicht gehört haben mögen, von der sie aber in den kommenden Jahren noch sehr viel hören werden: von der *technologischen Arbeitslosigkeit.* Das bedeutet Arbeitslosigkeit, die daraus resultiert, dass unsere Entdeckungen von Mitteln zur Einsparung von Arbeitskraft schneller voranschreiten werden, als wir neue Verwendungsweisen für Arbeitskraft werden erschließen können.

Doch das ist nur eine vorübergehende Phase schlechter Anpassung. All dies bedeutet, dass auf lange Sicht betrachtet *die Menschheit dabei ist, ihr wirtschaftliches Problem zu lösen.* Ich würde voraussagen, dass der Lebensstandard in den fortgeschrittenen Gesellschaften in 100 Jahren vier- bis achtmal so hoch ist wie heute. Daran wäre nichts Überraschendes, selbst im Licht unseres gegenwärtigen Wissens. Und es wäre keineswegs töricht, die Möglichkeit sogar noch größerer Fortschritte zu erwägen.

II

Lassen Sie uns um des Arguments willen annehmen, dass es uns allen in wirtschaftlicher Hinsicht in 100 Jahren achtmal so gut gehen wird wie heute. Daran braucht uns sicherlich nichts zu überraschen.

Es ist nun richtig, dass die Bedürfnisse der Menschen unstillbar zu sein scheinen. Doch sie lassen sich in zwei Kategorien einteilen: die Bedürfnisse, die in dem Sinne absolut sind, dass wir sie unabhängig von der Lage unserer Mitmenschen empfinden; und diejenigen, die insofern relativ sind, als wir sie nur verspüren, wenn uns ihre Befriedigung über unsere Mitmenschen erhebt und ihnen überlegen fühlen lässt. Bedürfnisse der zweiten Kategorie, die den Wunsch nach Überlegenheit erfüllen, mögen tatsächlich unstillbar sein; denn je höher das allgemeine Niveau, desto höher sind wiederum sie. Doch das trifft nicht gleichermaßen auf die absoluten Bedürfnisse zu: Es mag schon bald ein Punkt erreicht sein, möglicherweise sogar viel früher, als wir alle glauben, an dem diese Bedürfnisse in einem Ausmaß befriedigt sein werden, dass wir unsere weitere Energie lieber nichtwirtschaftlichen Zwecken widmen.

Nun zu meiner Schlussfolgerung, die, wie ich glaube, Ihre Vorstellungskraft immer weiter aufstacheln wird, je länger Sie über sie nachdenken werden.

Unter der Voraussetzung, dass es keine bedeutenden Kriege und keinen nennenswerten Bevölkerungszuwachs mehr gibt, komme ich zu dem Schluss, dass das *wirtschaftliche Problem* in den nächsten 100 Jahren gelöst werden oder zumindest in Sichtweite einer Lösung kommen wird. Dies bedeutet, dass das wirtschaftliche Problem, wenn wir in die Zukunft blicken, *kein dauerhaftes Problem der Menschheit ist.*

Warum, werden Sie fragen, ist das so erstaunlich? Es ist deswegen so erstaunlich, weil wir – wenn wir statt in die Zukunft einmal in die Vergangenheit blicken – feststellen werden, dass das wirtschaftliche Problem, der Kampf ums Bestehen, bislang stets das vorrangige, drängendste Problem der Menschheit war – und nicht nur der Menschheit, sondern des ganzen biologischen Reichs seit dem Anbeginn des Lebens in seinen primitivsten Formen.

Demnach haben wir uns von Natur aus – mit all unseren Trieben und tiefsten Instinkten – eigens zu dem Zweck entwickelt, das wirtschaftliche Problem zu lösen. Wenn aber das wirtschaftliche Problem gelöst ist, dann wird die Menschheit um ihr angestammtes Ziel gebracht sein.

Wird das ein Gewinn sein? Wenn man überhaupt an die wahren Werte im Leben glaubt, eröffnet diese Aussicht zumindest die Möglichkeit eines Gewinns. Und doch denke ich mit Schrecken an die Neuanpassung der Gewohnheiten und Instinkte des gewöhnlichen Menschen, die ihm über unzählige Generationen angezüchtet wurden und die er innerhalb weniger Jahrzehnte abzulegen genötigt sein könnte.

Um den heutigen Sprachgebrauch zu bemühen: Müssen wir nicht einen allgemeinen »Nervenzusammenbruch« befürchten? Wir haben bereits ein wenig Erfahrung damit, was ich meine – ein Nervenzusammenbruch jener Art, der in England und den Vereinigten Staaten schon weit genug verbreitet ist unter den Ehefrauen der wohlhabenden Klassen, viele von ihnen unglückliche Frauen, die durch ihren Reichtum ihrer traditionellen Aufgaben und Tätigkeiten beraubt wurden; die es, des Stachels wirtschaftlicher Notwendigkeit entledigt, nicht ausreichend unterhaltsam finden können, zu kochen oder zu putzen oder zu flicken, und sich doch außerstande sehen, etwas Unterhaltsameres zu finden.

Denjenigen, die für ihr täglich Brot schwitzen müssen, ist Müßiggang eine ersehnte Süßigkeit – bis sie ihn bekommen.

Es gibt eine überlieferte Grabinschrift, die eine alte Putzfrau für sich selbst verfasst hat:

> Beklagt mich nicht, Freunde,
> und weint um mich nimmer,
> Denn nichts werd' ich tun für immer und immer.

Dies war ihr Himmel. Wie andere auch, die sich nach Müßiggang sehnen, malte sie sich aus, wie schön es wäre, ihre Zeit mit Radiohören zu verbringen – denn es gibt noch ein weiteres Verspaar, das in ihrem Gedicht vorkam:

> Im Himmel die süßen Gesänge erklingen,
> Doch ich habe gar nichts zu tun mit dem Singen.

Doch wird das Leben nur für diejenigen, die mit dem Singen etwas zu tun haben, erträglich sein – und wie wenige von uns können singen!

So wird der Mensch zum ersten Mal seit seiner Erschaffung mit seinem wahren, seinem bleibenden Problem konfrontiert sein: wie er seine Freiheit von drückenden wirtschaftlichen Sorgen nutzen, wie er die freie Zeit füllen soll, die Wissenschaft und Zinseszins für ihn errungen haben, um weise, angenehm und gut zu leben.

Die tüchtigen und zielstrebigen Geldmacher mögen uns

alle mit sich auf die Bahn wirtschaftlichen Überflusses ziehen. Doch werden es solche Völker sein, welche die Kunst des Lebens selbst lebendig halten und zu höherer Vollkommenheit ausbilden, die sich nicht für die Mittel des Lebens selbst verkaufen, die den Überfluss zu genießen wissen, wenn er eintrifft.

Und doch gibt es noch kein Land und kein Volk, glaube ich, das dem Zeitalter der Muße und der Überfülle ohne Furcht entgegenblicken könnte. Denn wir wurden zu lange darauf abgerichtet, uns anzustrengen statt zu genießen. Es ist für den gewöhnlichen Menschen ohne besondere Talente eine beängstigende Aufgabe, sich selbst zu beschäftigen, vor allem wenn er keine Wurzeln mehr im Ackerboden oder in den Gebräuchen oder in den liebgewonnenen Sitten einer traditionellen Gesellschaft hat. Dem Verhalten und den Leistungen der reichen Klassen heute auf der ganzen Welt nach zu urteilen, sind die Aussichten ausgesprochen deprimierend! Denn diese sind sozusagen unsere Vorhut – diejenigen, die für uns Übrige das gelobte Land auskundschaften und dort ihre Zelte aufschlagen. Denn die meisten von ihnen haben dabei katastrophal versagt, wie mir scheint – diejenigen, die ein unabhängiges Einkommen besitzen, aber sonst keinerlei Verbindungen oder Pflichten oder Beziehungen –, das Problem zu lösen, das sich ihnen stellt.

Ich bin mir sicher, dass wir mit ein wenig mehr Erfahrung die neugewonnene Überfülle der Natur ganz anders nutzen werden, als es die Reichen heute tun, und für uns einen ganz anderen Lebensplan entwerfen werden als diese für ihre Leben.

Noch für viele künftige Generationen wird der alte Adam in uns so stark sein, dass jeder noch *irgendeiner* Arbeit nachgehen muss, um zufrieden zu sein. Wir werden mehr für uns selbst tun können, als es heute bei den Reichen üblich ist, allzu glücklich darüber, kleine Pflichten, Aufgaben und Routinen zu haben. Doch darüber hinaus werden wir bemüht sein, das Brot dünn auf die Butter zu verteilen – und die wenige Arbeit, die zu tun bleibt, so breit wie möglich zu vergeben. Drei-Stunden-Schichten oder Fünfzehn-Stunden-Wochen werden das Problem vermutlich eine ganze Weile aufschieben. Denn drei Stunden pro Tag genügen völlig, den alten Adam in den meisten von uns zufriedenzustellen!

Auch in anderen Bereichen werden wir mit Veränderungen rechnen müssen. Wenn die Anhäufung von Reichtum keine hohe gesellschaftliche Bedeutung mehr besitzt, wird es auch einen großen Wandel im Moralkodex geben. Wir werden uns von vielen der pseudomoralischen Grundsätze befreien können, die uns seit 200 Jahren verfolgen und durch die wir einige der widerlichsten menschlichen Eigenschaften zu den höchsten Tugenden erhoben haben. Wir werden es uns leisten können, den Geldtrieb nach seinem wirklichen Wert zu bemessen. Die Liebe zum Geld als Besitz – anders als die Liebe zum Geld als Mittel für die Genüsse und Realitäten des Lebens – wird als das erkannt werden, was sie ist, nämlich eine ziemlich ekelerregende Absonderlichkeit, eine jener halb kriminellen, halb krankhaften Neigungen, die man mit Schaudern den Spezialisten für Geisteskrankheiten überlässt. Wir werden dann endlich frei sein, alle möglichen gesellschaftlichen Gewohnheiten und wirtschaftlichen Praktiken bezüglich der Wohlstandsverteilung und der wirtschaftlichen Belohnungen und Strafen zu verwerfen, an denen wir jetzt noch um jeden Preis festhalten, wie widerwärtig und ungerecht sie an sich sein mögen, weil sie ungeheuer nützlich für die Kapitalakkumulation sind.

Natürlich wird es weiterhin viele Menschen mit starker, unbefriedigter Zielstrebigkeit geben, die blind dem Reichtum nachjagen werden – es sei denn, dass sie einen überzeugenden Ersatz finden. Doch der Rest von uns wird nicht mehr unter irgendeinem Zwang stehen, ihnen Beifall zu spenden und sie zu ihrem Tun zu ermutigen. Denn wir werden mit größerer Neugier, als es heute möglich ist, nach dem wahren Charakter dieser »Zielstrebigkeit« fragen, mit der die Natur fast alle von uns in unterschiedlichem Maß ausgestattet hat. Zielstrebigkeit bedeutet nämlich, dass wir uns mehr mit den entfernten künftigen Ergebnissen unserer Handlungen als mit ihren eigentümlichen Qualitäten oder ihren unmittelbaren Auswirkungen auf unser eigenes Umfeld beschäftigen. Der »zielstrebige« Mensch versucht immer, seinen Handlungen eine flüchtige und trügerische Unsterblichkeit zu verleihen, indem er sein Interesse an ihnen weiter in die Zukunft verschiebt. Er liebt nicht seine Katze, sondern die Kinder seiner Katze; eigentlich auch nicht die Kätzchen, sondern nur die Kätzchen der Kätzchen und so weiter bis zum Ende aller Katzen. Für ihn ist Marmelade keine Marmelade, wenn sie kein Fall von Marmelade für morgen ist, und niemals Marmelade für heute. Indem er also seine Marmelade immer weiter in die Zukunft verschiebt, versucht er seinem Akt des Marmeladekochens eine Art Unsterblichkeit zu sichern.

Ich möchte Sie an den Professor aus *Sylvie und Bruno* erinnern:

»Nur der Schneider, Herr Professor, mit Ihrer kleinen Rechnung«, sagte eine kleinlaute Stimme vor der Tür.

»Ah, nun gut, *seine* Angelegenheit kann ich schnell erledigen«, sagte der Professor zu den Kindern, »wartet nur einen Moment. Wie viel ist es dieses Jahr, mein Guter?« Der Schneider war eingetreten, während er sprach.

»Nun, es hat sich über die Jahre verdoppelt«, erwiderte der Schneider etwas barsch, »und ich denke, dass ich das Geld jetzt gerne hätte. Es sind tatsächlich zweitausend Pfund!«

»Oh, das ist doch gar nichts!«, bemerkte der Professor beiläufig und fühlte in seiner Tasche, als hätte er zumindest *diesen* Betrag immer bei sich. »Aber wollen Sie nicht lieber nur noch ein Jahr warten und dann *viertausend* daraus machen? Stellen Sie sich nur vor, wie reich Sie dann wären! Ja, sie könnten sogar ein *König* sein, wenn Sie wollten!«

»Ich weiß nicht, ob ich wirklich ein König sein möchte«, sagte der Mann nachdenklich. »Aber es klingt nach einer ordentlichen Stange Geld! Nun, ich denke, ich werde warten.«

»Natürlich werden Sie das!«, sagte der Professor. »Ich sehe, Sie sind ein Mann der Vernunft. Auf Wiedersehen, mein Guter!«

»Werden Sie ihm jemals diese viertausend Pfund bezahlen müssen?«, fragte Sylvie, als sich die Tür hinter dem abrückenden Gläubiger geschlossen hatte.

»*Niemals*, mein Kind!«, antwortete der Professor entschieden. »Er wird sie immer wieder verdoppeln, bis er stirbt. Du siehst, es lohnt sich *immer*, noch ein Jahr zu warten, um doppelt so viel Geld zu bekommen!«

Vielleicht ist es kein Zufall, dass das Volk, das am meisten dafür gesorgt hat, das Versprechen der Unsterblichkeit in das Herz und Wesen unserer Religionen einzuschreiben, auch am meisten für das Prinzip des Zinseszins getan hat und diese zweckmäßigste aller menschlichen Einrichtungen besonders liebt.

Daher sehe ich uns frei, zu einem der deutlichsten und verlässlichsten Grundsätze von Religion und traditionellen Werten zurückzukehren: dass Gier ein Laster, das Eintreiben von Wucherzinsen ein Vergehen und die Liebe zum Geld verabscheuungswürdig ist, dass diejenigen am aufrichtigsten dem Pfad der Tugend und gesunder Klugheit folgen, die am wenigsten an das Morgen denken. Wir werden endlich wieder Zwecke höher als Mittel schätzen und das Gute dem Nützlichen vorziehen. Wir werden wieder diejenigen ehren, die uns lehren können, die Stunde und den Tag tugendhaft und gut zu pflücken, jene herrlichen Menschen, die sich an den Dingen unmittelbar zu erfreuen vermögen, die Lilien auf dem Felde, die nicht arbeiten, noch spinnen.

Doch Vorsicht! Die Zeit für all das ist noch nicht gekommen. Denn noch mindestens weitere 100 Jahre lang müssen wir uns selbst und anderen vormachen, das Schöne sei hässlich und das Hässliche schön. Denn das Hässliche ist nützlich, das Schöne nicht. Habgier und Wucher und Misstrauen müssen noch für eine kleine Weile unsere Götter bleiben. Denn nur sie können uns aus dem Tunnel der wirtschaftlichen Notwendigkeit ins Tageslicht führen.

Ich blicke also mit Freude auf jene nicht allzu fernen Tage, auf den größten Wandel, der sich jemals in den materiellen Lebensbedingungen der gesamten Menschheit ereignet hat.

Doch wird das selbstverständlich schrittweise geschehen, nicht als Katastrophe. Tatsächlich hat es schon begonnen. Der Gang der Ereignisse wird einfach darin bestehen, dass es immer größere Klassen und Gruppen von Menschen geben wird, für die sich das Problem wirtschaftlicher Notwendigkeit praktisch erledigt hat. Der entscheidende Unterschied wird erreicht sein, wenn dieser Zustand so allgemein verbreitet ist, dass sich das Wesen der eigenen Pflicht gegenüber dem Nächsten verändert haben wird. Denn es wird vernünftig bleiben, wirtschaftlich zweckmäßig für andere zu handeln, auch nachdem es für einen selbst nicht länger vernünftig ist.

Die *Geschwindigkeit*, mit der wir unser Ziel wirtschaftlicher Glückseligkeit erreichen können, wird von vier Faktoren bestimmt werden: unserer Fähigkeit, das Bevölkerungswachstum zu kontrollieren; unserer Entschlossenheit, Kriege und innerstaatliche Auseinandersetzungen zu vermeiden; unserer Bereitschaft, der Wissenschaft die Leitung jener Angelegenheiten anzuvertrauen, die zu Recht Sache der Wissenschaft sind; einer Akkumulationsrate, die von der Spanne zwischen unserer Produktion und unserer Konsumption festgesetzt wird; wobei letzterer Punkt sich leicht von selbst ergibt, wenn die ersten drei gegeben sind.

Bis dahin kann es nicht schaden, vorsichtige Vorbereitungen für unsere Bestimmung zu treffen, indem wir die Lebenskunst ebenso wie dafür zweckdienliche Aktivitäten ermuntern und mit ihnen experimentieren.

Vor allem aber wollen wir die Bedeutung des wirtschaftlichen Problems nicht überbewerten oder seiner vermeintlichen Notwendigkeit andere Dinge von größerer und anhaltenderer Bedeutung opfern. Es sollte eine Angelegenheit von Spezialisten sein, wie der Zahnmedizin. Wenn es Ökonomen gelänge, als bescheidene, kompetente Menschen auf einer Ebene mit Zahnärzten angesehen zu werden – das wäre großartig!

Zu dieser Ausgabe

Textgrundlage dieser Übersetzung ist die Erstausgabe:

> John Maynard Keynes: Economic Possibilities for our Grandchildren. In: J. M. K.: Essays in Persuasion. London 1931. S. 358–373.

Die im Text vorhandenen Zitate wurden für die vorliegende Ausgabe ebenfalls neu übersetzt.

Anmerkungen

7,20 *Arbeitsabsorption:* die Fähigkeit eines Arbeitsmarktes, die vorhandene Anzahl potentieller Arbeitskräfte tatsächlich aufzunehmen und somit eine hohe Beschäftigungsquote zu halten. Konkret bedeutet die Anmerkung hier, dass die durch technologischen Fortschritt entstandene Arbeitslosigkeit nicht ausreichend durch neue Betätigungsfelder aufgewogen werden konnte. Keynes verwendet hierfür später im Essay den von ihm geprägten und noch heute verwendeten Begriff der »technologischen Arbeitslosigkeit« (S. 13).

7,27 *18,5 Shilling:* Im britischen Währungssystem wurde das Dezimalsystem erst 1971 eingeführt. Bis dahin ergaben 12 Pence einen Shilling und 20 Shilling wiederum 1 Pfund. Keynes selbst spricht im Original entsprechend etwa von »18 Shilling 6 Pence« (in der heute kaum noch nachvollziehbaren Schreibung »18s 6d«), wo hier um der Lesbarkeit willen von 18,5 Shilling die Rede ist.

8,4 f. *Handelsbilanzüberschuss:* In der volkswirtschaftlichen Gesamtrechnung umfasst die Handelsbilanz die grenzüberschreitende Ein- und Ausfuhr innerhalb eines bestimmten Zeitraums (Außenhandel). Wenn die Exporte die Importe übersteigen, spricht man von einem Handelsbilanzüberschuss, im umgekehrten Fall von einem Handelsbilanzdefizit. Die Handelsbilanz gilt auch als ein Indikator für die Wettbewerbsfähigkeit eines Landes.

8,14 *dem heute viel beneideten Frankreich gleichen:* Die Weltwirtschaftskrise traf Frankreich erst mit Verspätung und weniger hart als andere Industrienationen (daher Keynes' Attribut »viel beneidet«). Mitverantwortlich war hierfür eine Unterbewertung des Franc (gegenüber einer Überbewertung des Pfund) nach der Wiedereinführung des Goldstandards, mit der Folge, dass Frankreichs Anteil an den weltweiten Goldreserven durch Kapitalflüsse zwischen 1926 und 1932 von 7 auf 27 Prozent angewachsen war. Keynes' Vorwurf, Frankreich horte sein Gold, war also durchaus begründet.

8,16 *Depression:* Gemeint ist die Weltwirtschaftskrise, die im Herbst 1929 einsetzte und von der sich die Industrienationen erst im späteren Verlauf der 1930er Jahre zu erholen begannen. Im englischen

Sprachraum wird sie überwiegend als »Great Depression« bezeichnet, was eine stärkere sprachliche Nähe zu den medizinischen Metaphern des Textbeginns herstellt.

8,21 f. *gegensätzlichen Irrtümer des Pessimismus:* In seinem Essay *Am I a Liberal?* (1925) positioniert sich Keynes innenpolitisch als Liberaler zwischen den Konservativen, die er als Ewiggestrige versteht, und der Arbeiterpartei, der er umstürzlerische Katastrophen-Rhetorik vorwirft. Globaler betrachtet kann auch das Erstarken nationalkonservativer Mächte in Europa einerseits und der sowjetische Bolschewismus andererseits in den hier genannten Gegensatz gelesen werden.

11,2 *Drake:* Francis Drake (1540–1596), schon zu Lebenszeiten berühmter Entdecker und Freibeuter, unter dessen Kommando die erste englische Weltumsegelung gelang. Auf seinen Kaperfahrten (zivile und militärische Seefahrt wurden damals oft nicht streng voneinander getrennt) machte er reiche Beute für die englische Krone.

11,4 *Golden Hind:* ursprünglich *Pelican* getauft, war das Flaggschiff, mit dem Drake zwischen 1577 und 1580 als erster Engländer erfolgreich die Welt umsegelte.

11,5 *Königin Elisabeth:* Elisabeth I. (1533–1603) – eigentl. Elizabeth Tudor, Tochter Heinrichs VIII. – regierte ab 1558 als Königin von England. Unter ihrer Herrschaft erholte sich die zerrüttete Wirtschaft des Landes, das zugleich zur Seemacht aufstieg und Spanien die Vorherrschaft auf dem Meer streitig machte.

11,9 f. *Levante-Gesellschaft:* engl. »Levante Company«, wurde 1592 als Unternehmen von Königin Elisabeth I. zur Regulierung des englischen Handels mit dem Osmanischen Reich und der Levante gegründet und bestand bis 1825.

11,11 f. *Britische Ostindien-Kompanie:* Handelsgesellschaft, die von 1600 bis 1874 bestand. Sie wurde zur größten Wirtschaftsmacht in Indien und begründete die dortige Kolonialherrschaft der Briten. Neben ihrer wirtschaftlichen Stärke übte sie dort zwischenzeitlich auch rechtliche und militärische Gewalt aus.

12,8 *Wachstum des Kapitals:* Thomas Piketty legte 2014 in seinem Buch *Das Kapital im 21. Jahrhundert* historische Reihen vor, die

Keynes' Einschätzung eindrücklich belegen. (Dabei können Wirtschaftsdaten bis ins 20. Jahrhundert hinein natürlich bloß geschätzt werden.)

12,11 *Bevölkerungswachstum:* Keynes wurde hier beeinflusst von dem klassischen Ökonomen Thomas Robert Malthus (1766–1834), der 1798 in seinem Buch *An Essay on the Principle of Population* (dt. *Über das Bevölkerungsgesetz*) die pessimistische und später widerlegte Theorie aufgestellt hatte, dass jeder wirtschaftliche Produktivitätszuwachs von einer steigenden Bevölkerung wieder aufgezehrt wird, wenn nicht regulierend in das Bevölkerungswachstum eingegriffen werde. Keynes teilte auch die hier gedanklich nahestehenden Lehren der Eugenik und war von 1937 bis 1944 Direktor der British Eugenics Society. Das Bevölkerungswachstum als wirtschaftlicher Faktor wird später im Essay erneut aufgegriffen und spielt in Keynes' Werk eine größere Rolle, als man meist annimmt.

12,29 f. *an der Schwelle zu Fortschritten:* Nach der Entwicklung des Haber-Bosch-Verfahrens zur Herstellung von Ammoniak zu Beginn des 20. Jahrhunderts wurde in den 1920er Jahren intensiv über die Herstellung künstlicher Düngemittel geforscht. Die Ergebnisse führten in der zweiten Hälfte des 20. Jahrhunderts zusammen mit entsprechenden Arbeitsmaschinen zu enorm gesteigerten Erträgen. Auch in diesem Punkt behielt Keynes demnach recht.

13,14 *technologische Arbeitslosigkeit:* vgl. Anm. 7,20.

13,22 *ihr wirtschaftliches Problem:* Bisweilen liest man in Übersetzungen auch vom »ökonomischen Problem«, doch da es Keynes nicht um ein wissenschaftliches (der Ökonomik), sondern um ein Lebensproblem geht, wird hier der weniger fachsprachliche Begriff des »wirtschaftlichen Problems« beibehalten.

15,6 f. *Kampf ums Bestehen:* Die Formulierung (engl. »struggle for subsistence«) erinnert an Charles Darwins (1809–1882) »struggle for existence«, also den ›Kampf ums Dasein‹, den dieser von Malthus (s. Anm. 12,11) entlehnt hat – eine Verbindung, die sicherlich auch Keynes kannte. Die Verschiebung von der »Existenz« zur »Subsistenz«, die auf David Ricardo (1772–1823) verweist, gibt dem

Begriff eine stärkere ökonomische Konnotation und schwächt das wirtschaftliche Problem zu einem lösbaren Problem ab.

15,16 f. *die wahren Werte im Leben:* Dass für den Ökonomen Keynes die hier im Übrigen nicht genauer konkretisierten »wahren Werte« des Lebens jenseits der wirtschaftlichen Sphäre lagen, ist neben seiner Herkunft wohl vor allem auf den Einfluss der Philosophie George Edward Moores (1873–1958) und der Ästhetik Roger Frys (1866–1934) auf Keynes und sein Umfeld (namentlich die Cambridge-Apostel und die Bloomsbury-Gruppe) zurückzuführen (s. hier S. 62–67).

15,23 *heutigen Sprachgebrauch:* Keynes interessierte sich für die Arbeiten Sigmund Freuds (1856–1939) und die Erkenntnisse der Psychoanalyse, auf die er in verschiedenen Zusammenhängen zurückgriff (s. S. 69 f.).

16,5 *für ihr täglich Brot schwitzen:* eine der religiös konnotierten Formulierungen, wie sie bei Keynes häufiger zu finden sind und die auf das religiöse Fundament seiner Erziehung hindeuten; hier konkret eine Anspielung auf Gen 3,19: »Im Schweiße deines Angesichts wirst du dein Brot essen.«

16,9–11 *Beklagt mich nicht ... immer:* engl. »Don't mourn for me, friends, don't weep for me never, / For I'm going to do nothing for ever and ever.«

16,16 f. *Im Himmel ... Singen:* engl. »With psalms and sweet music the heavens 'll be ringing, / But I shall have nothing to do with the singing.«

17,1 *Bahn wirtschaftlichen Überflusses:* Die Wendung »lap of economic abundance« wird üblicherweise mit »Schoß wirtschaftlichen Überflusses« wiedergegeben. Es scheint jedoch plausibler, dass Keynes hier keine Geburtsmetapher anbringt – die gar nicht in den Kontext passt –, sondern den Wettlauf um wirtschaftliche Belohnungen meint, die dann auch später im Text genannt werden.

17,2 *solche Völker:* Keynes meint hier vermutlich das gehobene englische Bildungsbürgertum. Da er nicht frei von den Stereotypen seiner Zeit war (vgl. auch Anm. 21,1), wurde hier für die »peoples« bewusst der Begriff »Völker« den neutraleren »Gesellschaften« o. Ä. vorgezogen.

17,11 *für den gewöhnlichen Menschen:* Diese snobistische Sichtweise auf die »einfachen Leute« findet sich sehr ähnlich in dem Essay *In Praise of Idleness* (1932, dt. *Lob des Müßiggangs*) von Bertrand Russell (1872–1970). Russell lehrte ebenfalls in Cambridge und verkehrte zum Teil in denselben Kreisen wie Keynes, etwa bei den Cambridge-Aposteln. Trotz aller Aufgeschlossenheit ihres gegenviktorianischen Denkens zeigen sich in solchen Formulierungen doch auch ihre elitären Hintergründe.

17,20 f. *die meisten von ihnen:* Den hier angesprochenen demonstrativ-verschwenderischen Müßiggang der wohlhabenden Klasse hat Keynes' Zeitgenosse Thorstein Veblen (1857–1929) in seinem Buch *The Theory of the Leisure Class* (1899, dt. *Theorie der feinen Leute*) eindrücklich und kritisch porträtiert.

17,30 *der alte Adam:* Anspielung auf die biblische Erbsünde, als deren Folge die menschliche Arbeit traditionell angesehen wurde; vgl. Gen 3,17–19; Gott spricht zu Adam, bevor der mit Eva aus dem Paradies vertrieben wird: »Dieweil du hast gehorcht der Stimme deines Weibes und hast gegessen von dem Baum, davon ich dir gebot und sprach: Du sollst nicht davon essen, verflucht sei der Acker um deinetwillen, mit Kummer sollst du dich darauf nähren dein Leben lang. Dornen und Disteln soll er dir tragen, und sollst das Kraut auf dem Felde essen. Im Schweiße deines Angesichts sollst du dein Brot essen, bis daß du wieder zu Erde werdest, davon du genommen bist. Denn du bist Erde und sollst zu Erde werden.«

18,5 *das Brot dünn auf die Butter zu verteilen:* engl. »to spread the bread thin on the butter«. Vordergründig ist dieser Satz eine einfache Umkehrung der idiomatischen Wendung, Butter aufs Brot zu streichen, die den Übersetzungen von Rosenbaum (1956) und Reuter (2007) entgangen ist. Dabei besitzt »to spread« die unübersetzbare Doppelbedeutung von sowohl ›verteilen‹ als auch ›verstreichen‹. Anscheinend soll hier mit der leicht ironisch klingenden Wendung ausgedrückt werden, dass die basalen Lebensnotwendigkeiten (Brot) mit steigendem Konsumniveau (Butter) relativ an Bedeutung verlieren. Wie Axel Leijonhufvud (1933–2022) in einem Aufsatz (2008) ausführt, liegt dieser Gedanke auch der von Keynes in der *General Theory* ausgearbeiteten Konsumfunktion zugrunde, die den Zusammenhang zwischen Einkommen und Konsum modelliert. In der Volkswirtschaftslehre ist der genannte Effekt als »Engel'sches Gesetz« seit den 1850er Jahren bekannt.

18,26 f. *Spezialisten für Geisteskrankheiten:* Die Formulierung erinnert insbesondere in ihrem thematischen Kontext an eine Voraussage, die Oscar Wilde (1854–1900) in dem Essay *The Soul of Man under Socialism* (dt. *Die Seele des Menschen unter dem Sozialismus*) von 1891 trifft: »Wenn es überhaupt keine Strafe mehr gibt, hört das Verbrechen entweder auf, oder, falls es noch vorkommt, wird es als eine sehr bedauerliche Form des Wahnsinns, die durch Pflege und Güte zu heilen ist, von Ärzten behandelt werden.« (Wilde 1982, S. 31)

19,19 f. *Unsterblichkeit ... in die Zukunft:* Der Zusammenhang von Ehrgeiz und dem Wunsch nach Unsterblichkeit findet sich schon in Platons (um 428/427–348/347 v. Chr.) *Symposion:* »Denn wenn du deinen Blick auf den Ehrgeiz der Menschen richten willst, so würdest du dich über ihre Unvernunft wundern, wenn du nicht bedenkst, [...] von welch gewaltigem Liebesdrang sie besessen sind, *berühmt zu werden und sich einen unsterblichen Namen, der auf ewige Zeiten besteht, zu erwerben*« (208c; Platon 2000, S. 97; Hervorhebung i. Orig.). Mit Blick auf den modernen Kapitalismus erinnert dies auch an Max Webers (1864–1920) Analyse der innerweltlichen Askese in seinem berühmten Buch *Die protestantische Ethik und der »Geist« des Kapitalismus* (1904/05).

19,29 *Sylvie und Bruno: Sylvie and Bruno* sowie *Sylvie and Bruno Concluded,* Roman von Lewis Carroll (d. i. Charles Lutwidge Dodgson, 1832–1898), der zwischen 1889 und 1893 in zwei Teilen erschien. Das Buch ist eine Mischung aus Gesellschafts- und Nonsense-Roman und spielt zum Teil im viktorianischen England, zum Teil in einer Traumwelt. Die von Keynes zitierte Passage findet sich in Carroll 1889, S. 131 f.

21,1 *das Volk:* engl. »the race«: Seit einer im Jahr 2000 von Melvin W. Reder (1919–2016) angestoßenen Diskussion über antisemitische Tendenzen verschiedener bekannter Ökonomen ist auch Keynes Gegenstand entsprechender Debatten geworden. Auf der einen Seite äußerte Keynes in seinen öffentlichen (wie im vorliegenden

Essay) und vor allem den privaten Schriften (etwa den Briefen an seine Frau Lydia) immer wieder zweifelsfrei antisemitische Stereotype, wie sie in der zeitgenössischen englischen Mittel- und Oberschicht und auch in der Bloomsbury-Gruppe gang und gäbe waren. Auf der anderen Seite wird neben der persönlichen Verbundenheit Keynes' mit zahlreichen jüdischen Freunden und Kollegen auch sein zeitweiliges (und wenig bekanntes) Engagement für den Zionismus und später für jüdische Flüchtlinge aus Europa betont. Isaiah Berlin (1909–1997) fasst diese gegenläufigen Tendenzen in einem mehrfach zitierten Urteil zusammen: »Kurz gesagt, es ist eine Art Club-Antisemitismus, aber keine tiefgehende, intensive Feindschaft gegenüber Juden. […] Zweifellos speisen sich alle Formen antijüdischer Affekte aus gemeinsamen Wurzeln, doch im Fall von Keynes waren sie gleichermaßen aufrichtig wie oberflächlich.« (Zit. nach: Chandavarkar 2000, S. 1623, übers. von J. K.) Eine kritische Aufarbeitung der Debatte findet sich bei E. Roy Weintraub (2012).

21,15 *das Gute dem Nützlichen vorziehen:* Die moralphilosophische Position des Utilitarismus, die sich vor allen an die Namen Jeremy Bentham (1748–1832) und John Stuart Mill (1806–1873) knüpft, war im Cambridge der Jahrhundertwende vor allem noch in den Arbeiten Henry Sidgwicks (1838–1900) präsent, mit denen sich auch Keynes' ökonomischer Lehrer Alfred Marshall (1842–1924) kritisch auseinandersetzte. Der Utilitarismus hat sich in der Ökonomik als gleichermaßen anschlussfähig wie folgenreich erwiesen und mündet letztlich in die Figur des *Homo oeconomicus*, des rationalen Nutzenmaximierers, der im Hintergrund vieler neoklassischer Modelle steht und von Ökonomen wie beispielsweise Amartya Sen kritisiert wird (vgl. Sen 2020). Mit der utilitaristischen Denkweise brach der Philosoph George Edward Moore in seinen *Principia Ethica* (1903) gründlich. Keynes' Zurückweisung eines bloß utilitaristischen Denkens findet sich in vielen Texten, am deutlichsten vielleicht in *The End of Laissez-faire* von 1926, wo Keynes mit Blick auf eine utilitaristisch-evolutionistische Sichtweise auf das Wirtschaftsgeschehen kritisch anmerkt: »Dabei schaut man nicht auf die Kosten des Kampfes, sondern verbucht nur den Nutzen des Endergebnisses, dessen dauerhaftes Fortbestehen man voraussetzt.« (Keynes 2020, S. 27.)

21,17 *den Tag … zu pflücken:* auf Horaz zurückgehendes geflügeltes Wort: *carpe diem* »Pflücke [eigentl. ›nutze‹] den Tag« (Horaz, *Carmen* I,11, V. 8).

21,19 *die Lilien auf dem Felde:* Vgl. Luk 12,25–27: »Welcher ist unter euch, ob er schon darum sorget, der da könnte eine Elle seiner Länge zusetzen? So ihr denn das Geringste nicht vermöget, warum sorget ihr für das andere? Nehmet wahr der Lilien auf dem Felde, wie sie wachsen: sie arbeiten nicht, auch spinnen sie nicht. Ich sage euch aber, daß auch Salomo in aller seiner Herrlichkeit nicht ist bekleidet gewesen wie deren eines.«

21,23 f. *das Schöne sei hässlich:* Keynes zitiert hier den Chor der Hexen in der Eingangsszene von William Shakespeares *Macbeth:* »Fair is foul, and foul is fair: / Hover through the fog and filthy air.« Diese Verse verwendet Keynes bereits in seinem Buch *The Economic Consequences of Peace* von 1919, das ein internationaler Bestseller wurde und Keynes weltweit bekannt machte.

21,24 f. *Habgier … Götter bleiben:* Seit der Antike bis in die Renaissance hinein galt die Liebe zum Geld mit ihren zugehörigen Ausdrucksformen (Habgier, Wucher usw.) als Todsünde, die es einzuhegen galt. In den Staatstheorien der frühen Neuzeit beginnt eine begriffliche Verschiebung, die Albert O. Hirschman (1915–2012) in seiner Arbeit *The Passions and the Interests* (dt. *Leidenschaften und Interessen*) 1977 *en detail* herausarbeitet: Die früheren irrationalen »Leidenschaften« des (Geld-)Erwerbstriebs werden nun zu »(Eigen-)Interessen« umgedeutet und erhalten damit eine rationale Legitimierung. Edward und Robert Skidelsky haben 2014 detailliert ausgeführt, wie in der politischen Ökonomie des Marktkapitalismus dann die ›Tugend‹ des wirtschaftlichen Interesses endgültig die alte Semantik des Lasters überstimmte. Keynes indes sah, im Gegensatz zu den meisten anderen Ökonomen, hinter wirtschaftlichen Interessen offenbar immer noch die alten Leidenschaften am Werk und betrachtete diese Sichtweise als gestützt durch Sigmund Freuds Studien zum Zusammenhang von Geldverhältnis und Analerotik (vgl. Freud 1946 und 1966).

21,26 f. *aus dem Tunnel … ins Tageslicht:* vgl. Platons Höhlengleichnis (*Politeia*, 514a–517a).

22,13 f. *Ziel wirtschaftlicher Glückseligkeit:* Den Ausdruck »bliss« hat Keynes von dem früh verstorbenen Mathematiker Frank Ramsey (1903–1930) übernommen, der ebenfalls in Cambridge arbeitete und mit seinem Mentor Keynes auf freundschaftlichem Fuß stand. Ramsey verwendet den Begriff in seinem 1928 veröffentlichten Aufsatz *A Mathematical Theory of Saving*, dort allerdings in einem mathematisch-formaleren Sinn als Keynes hier in seiner Zukunftsvision.

22,20 *Akkumulationsrate:* Da Keynes nachfrageorientiert dachte, betonte er verschiedentlich, wie schädlich das Sparen, das für den einzelnen Haushalt sinnvoll sein kann, aggregiert für die Volkswirtschaft als Ganze ist, da es Konsum und Investitionen verhindert. Allerdings geht die hier vorliegende Formulierung dieses »Sparparadoxons« nicht, wie oft kolportiert wird, auf Keynes zurück, der es lediglich aufgegriffen hat (vgl. Nash/Gramm 1969).

Literaturhinweise

Autonomy Research (Hrsg.): The Results Are In: The UK's Four-Day Week Pilot. Februar 2023. https://autonomy.work/wp-content/uploads/2023/02/The-results-are-in-The-UKs-four-day-week-pilot.pdf.

Boldrin, Michele / Levine, David K.: All the Interesting Questions, Almost All the Wrong Reasons. In: Pecchi/Piga 2008. S. 161–178.

Becker, Gary S. / Rayo, Luis: Why Keynes Underestimated Consumption and Overestimated Leisure for the Long Run. In: Pecchi/Piga 2008. S. 179–184.

Bell, Clive: Art. Colchester [u. a.] 1914.

– Civilization. An Essay. London 1928.

Binswanger, Mathias: Der Wachstumszwang. Warum die Volkswirtschaft immer weiterwachsen muss, selbst wenn wir genug haben. Weinheim/Berlin 2019.

Brand, Ulrich / Wissen, Markus: Imperiale Lebensweise. Zur Ausbeutung von Mensch und Natur im globalen Kapitalismus. München 2017.

Bucher-Koenen, Tabea / Knebel, Caroline: Finanzwissen und Finanzbildung in Deutschland – Was wissen wir eigentlich? In: Deutsches Institut für Wirtschaftsforschung e. V. (DIW) (Hrsg.): Vierteljahreshefte für Wirtschaftsforschung 90 (2021) Nr. 1. S. 11–32.

Carroll, Lewis: Sylvie and Bruno. With Fourty-Six Illustrations by Harry Furniss. London / New York 1889.

Carter, Zachary D.: The Price of Peace. Money, Democracy, and the Life of John Maynard Keynes. New York 2021.

Chandavarkar, Anand: Was Keynes Anti-Semitic? In: Economic and Political Weekly 35 (2000) Nr. 19. S. 1619–1624.

Crotty, James: Keynes Against Capitalism. His Economic Case for Liberal Socialism. London / New York 2019.

Feinstein, Charles H. / Temin, Peter / Toniolo, Gianni: The European Economy Between the Wars. Oxford 1997.

Fitoussi, Jean-Paul: The End of (Economic) History. In: Pecchi/Piga 2008. S. 151–160.

Forster, Edward Morgan: The Machine Stops. Stuttgart 2022.

Freeman, Richard B.: Why Do We Work More Than Keynes Expected? In: Pecchi/Piga 2008. S. 135–142.
Freud, Sigmund: Charakter und Analerotik. In: D. F.: Gesammelte Werke. Siebenter Band: Werke aus den Jahren 1906–1909. London [4]1966. S. 203–209.
– Über Triebumsetzungen, insbesondere der Analerotik. In: S. F.: Gesammelte Werke. Zehnter Band: Werke aus den Jahren 1913–1917. London 1946. S. 402–410.
Frey, Carl Benedikt / Osborne, Michael A.: The Future of Employment: How Susceptible are Jobs to Computerisation? 17. September 2013.
https://www.oxfordmartin.ox.ac.uk/downloads/academic/future-of-employment.pdf.
Fry, Roger: An Essay in Æsthetics. In: R. F.: Vision and Design. London 1920. S. 11–25.
Fukuyama, Francis: Das Ende der Geschichte. Hamburg 2022.
GALLUP (Hrsg.): State of the Global Workplace 2022 Report. The Voice of the World's Employees. Washington D. C. 2022.
Galbraith, John Kenneth: The Affluent Society [1958]. London 1999.
Geuss, Raymond: A Philosopher Looks at Work. Cambridge 2021.
Graeber, David: Bullshit Jobs. Vom wahren Sinn der Arbeit. Stuttgart [6]2023.
Hagemann, Harald: Keynes 3.0: Zu den ökonomischen Möglichkeiten unserer Enkelkinder. In: H. H. / Hagen Krämer (Hrsg.): Keynes 2.0. Perspektiven einer modernen keynesianischen Wirtschaftstheorie und Wirtschaftspolitik. Marburg 2011. S. 281–304.
Harari, Yuval Noah: 21 Lektionen für das 21. Jahrhundert. München 2018.
Herrmann, Ulrike: Kein Kapitalismus ist auch keine Lösung. Die Krise der heutigen Ökonomie oder was wir von Smith, Marx und Keynes lernen können. Frankfurt a. M. 2018.
– Das Ende des Kapitalismus. Warum Wachstum und Klimaschutz nicht vereinbar sind – und wie wir in Zukunft leben werden. Köln 2022a.
– Deutschland, ein Wirtschaftsmärchen. Warum es kein Wunder ist, dass wir reich geworden sind. München 2022b.

Hirschman, Albert O.: Leidenschaften und Interessen. Politische Begründungen des Kapitalismus vor seinem Sieg. Frankfurt a. M. 1987.

Honneth, Axel: Der arbeitende Souverän. Eine normative Theorie der Arbeit. Frankfurt a. M. 2023.

Horaz: Oden und Epoden. Lat./Dt. Stuttgart 1981.

Jackson, Tim: Post Growth. Life After Capitalism. Cambridge 2021.

Jameson, Frederic: Archaeologies of the Future. The Desire Called Utopia and Other Science Fictions. London / New York 2005.

Kern, Bruno: Das Märchen vom grünen Wachstum. Plädoyer für eine solidarische und nachhaltige Gesellschaft. Zürich 2019.

Keynes, John Maynard: A Tract on Monetary Reform. London 1929.

– On Air. Der Weltökonom am Mikrofon der BBC. Zusammengest. und übers. von Michael Hein. Einf. von Gerhard Willke. Hamburg 2008.

– The Economic Consequences of the Peace. Cambridge 2013 (CW II).

– My Early Beliefs. In: J. M. K.: Essays in Biography. With a new Introduction by Donald Winch. Cambridge [3]2014. S. 433–450 (CW X).

– Essays in Persuasion. With a new Introduction by Donald Moggridge. Cambridge [4]2015 (CW IX):
  a) A Short View of Russia. S. 253–271.
  b) Am I a Liberal? S. 295–306.
  c) Clissold. S. 315–320.

– Allgemeine Theorie der Beschäftigung, des Zinses und des Geldes. Berlin 2017.

– Das Ende des Laissez-faire. Stuttgart 2020.

Klingholz, Reiner: Zu viel für diese Welt. Wege aus der doppelten Überbevölkerung. Hamburg 2021.

Komlosy, Andrea: Arbeit. Eine globalhistorische Perspektive. 13. bis 21. Jahrhundert. Wien [3]2014.

LaFargue, Paul: Das Recht auf Faulheit. Zurückweisung des »Rechts auf Arbeit« von 1848. Stuttgart [3]2018.

Leijonhufvud, Axel: Spreading the Bread Thin on the Butter. In: Pecchi/Piga 2008. S. 117–124.

Magness, Phillip W. / Harrigan, James R.: John Maynard Keynes, H. G. Wells, and a Problematic Utopia. In: History of Political Economy 52 (2020) Nr. 2. S. 211–238.

Malthus, Thomas Robert: Das Bevölkerungsgesetz. Berlin 2022.
Marx, Karl: Das Kapital. Kritik der politischen Ökonomie. Bd. 3. Buch III: Der Gesamtprozeß der kapitalistischen Produktion. Hrsg. von Friedrich Engels. Berlin 1964. (MEW 25.)
– Lohnarbeit und Kapital. In: K. M. / Friedrich Engels: Werke. Bd. 6. Berlin 1983. S. 397–423. (MEW 6.)
Mazzucato, Mariana: Wie kommt der Wert in die Welt? Von Schöpfern und Abschöpfern. Frankfurt a. M. / New York 2019.
Mill, John Stuart: Principles of Political Economy with Some of Their Applications to Social Philosophy. Books III–V and Appendices. Indianapolis 2006.
Moggridge, Donald E.: Maynard Keynes. An Economist's Biography. London / New York 1995.
Moore, George Edward: Principia Ethica. Stuttgart 1970.
Musil, Robert: Der Mann ohne Eigenschaften. Hamburg [3]1957.
Nash, Robert T. / Gramm, William P.: A Neglected Early Statement of the Paradox of Thrift. In: History of Political Economy 1 (1969) Nr. 2. S. 395–400.
O'Donnell, Rod M.: Keynes: Philosophy, Economics and Politics. The Philosophical Foundations of Keynes's Thought and their Influence on his Economics and Politics. New York 1989.
Pecchi, Lorenzo / Piga, Gustavo (Hrsg.): Revisiting Keynes: Economic Possibilities for Our Grandchildren. Cambridge 2008.
Phillips, Leigh: Austerity Ecology & The Collapse-Porn Addicts. A Defence of Growth, Progress, Industry and Stuff. Winchester (UK) 2015.
Pies, Ingo: Keynes und die Zukunft der Enkel. Diskussionspapier Nr. 2013-15. Martin-Luther-Universität Halle-Wittenberg, Lehrstuhl für Wirtschaftsethik, Halle/Saale 2013.
https://wcms.itz.uni-halle.de/download.php?down=30315&elem=2691067.
Piketty, Thomas: Das Kapital im 21. Jahrhundert. München [4]2020.
Platon: Der Staat. Übers. und hrsg. von Gernot Krapinger. Stuttgart 2017.
– Symposion. Gastmahl. Gr./Dt. Hamburg 2000.
Prainsack, Barbara: Wofür wir arbeiten. Wien 2023.

Precht, Richard David: Freiheit für alle. Das Ende der Arbeit wie wir sie kannten. München 2022.
Ramsey, Frank: A Mathematical Theory of Saving. In: The Economic Journal 38 (1928) Nr. 152. S. 543–559.
Reuter, Norbert: Wachstumseuphorie und Verteilungsrealität. Wirtschaftspolitische Leitbilder zwischen Gestern und Morgen. Mit Texten zum Thema von John Maynard Keynes und Wassily W. Leontief. Marburg [2]2007.
Robbins, Lionel: An Essay on the Nature and Significance of Economic Science. London 1932.
Rosenbaum, Eduard: Politik und Wirtschaft. Männer und Probleme. Ausgewählte Abhandlungen von John Maynard Keynes. Tübingen/Zürich 1956.
Russell, Bertrand: Lob des Müßiggangs. München 2016.
Schmelzer, Matthias / Vetter, Andrea: Degrowth / Postwachstum zur Einführung. Hamburg 2019.
Schwartz, Barry: Why We Work. New York [u. a.] 2015.
Sellarès, Bernat: Keynes in Madrid and the Delightful People. In: Iberian Journal of the History of Economic Thought 7 (2020) Nr. 2. S. 165–170.
Sen, Amartya: Rationale Dummköpfe. Eine Kritik der Verhaltensgrundlagen der Ökonomischen Theorie. Stuttgart [4]2023.
Shakespeare, William: Macbeth. Engl./Dt. Übers. und hrsg. von Barbara Rojahn-Deyk. Stuttgart 1977 [u. ö.].
Skidelsky, Robert: John Maynard Keynes. 1883–1946: Economist. Philosopher. Statesman. New York 2005.
– John Maynard Keynes. Bd. II: The Economist as Saviour. 1920–1937. London [u. a.] 1995.
– / Skidelsky, Edward: Wie viel ist genug? Vom Wachstumswahn zu einer Ökonomie des guten Lebens. München 2014.
Smith, Adam: Der Wohlstand der Nationen. Eine Untersuchung seiner Natur und seiner Ursachen. München [10]2003.
Spencer, David A.: Attitudes to Work and the Future of Work: The View from Economics. In: Nan Craig / Robert Skidelsky (Hrsg.): Work in the Future. The Automation Revolution. Cham 2020. S. 53–63.

Suzman, James: Sie nannten es Arbeit. Eine andere Geschichte der Menschheit. München 2022.

Veblen, Thorstein: Theorie der feinen Leute. Eine ökonomische Untersuchung der Institutionen. Frankfurt a. M. [2]2011.

Weber, Max: Die protestantische Ethik und der »Geist« des Kapitalismus. Hrsg. von Andrea Maurer. Stuttgart 2017.

Weintraub, E. Roy: Keynesian Historiography and the Anti-Semitism Question. In: History of Political Economy 44 (2012) Nr. 1. S. 41–67.

Wells, Herbert George: The World of William Clissold. A Novel at a New Angle. 2 Bde. Bd. 2. New York 1926.

Whalen, Charles J.: John R. Commons and John Maynard Keynes on Economic History and Policy: The 1920s and Today. In: Journal of Economic Issues 42 (2008) Nr. 1. S. 225–242.

Wilde, Oscar: Der Sozialismus und die Seele des Menschen. Ein Essay. Zürich 1982.

Zilibotti, Fabrizio: Economic Possibilities for our Grandchildren 75 Years After: A Global Perspective. In: Pecchi/Piga 2008. S. 27–39.

Zweiniger-Bargielowska, Ina: Food Consumption in Britain during the Second World War. In: Hartmut Berghoff / Jan Logemann / Felix Römer: The Consumer on the Home Front. Second World War Civilian Consumption in Comparative Perspective. Oxford 2017.

Nachwort: Am Ende aller Arbeit?

Von Jens C. Knipp

John Maynard Keynes (1883–1946) veröffentlichte 1930 erstmals seinen zum Essay ausgearbeiteten Vortrag unter dem Titel *Economic Possibilities for our Grandchildren*. Seitdem hat dieser Text eine bemerkenswerte Rezeptionsgeschichte erlebt.

In der Fachwelt der Ökonomik wurde er bis in die 1990er Jahre mit wenigen Ausnahmen zunächst kaum zur Kenntnis genommen. So fällte schon 1928 Arthur Plumptre (1907–1977), damals Student von Keynes am King's College (Cambridge), unter dem unmittelbaren Eindruck des Vortrags das kritische Urteil:

> Hier zeigte sich Keynes von seiner besten und seiner schlechtesten Seite. Seine schlechteste, weil einige seiner sozialen und politischen Theorien einer genaueren Prüfung nicht standhalten würden; weil der Gesellschaft wahrscheinlich keine neuen Bedürfnisse ausgehen werden, solange der Konsum augenfällig und wettbewerbsförmig ist; und weil [...] eine demokratische Regierung mehr ist als eine Ansammlung wohlwollender alter Etonianer. Seine beste, weil der Mann einen ausgreifenden, forschenden, intuitiven, provozierenden Geist hat.[1]

1 Zit. nach: Skidelsky 1995, S. 237*. [Übers. J. K.; hier und nachfolgend mit * gekennzeichnet.]

Das Interesse an dem Essay wuchs erst, dann aber ausgesprochen stark und stetig, in den vergangenen drei Jahrzehnten, mit recht einhelliger Tendenz: Keynes' im Ergebnis zutreffende Voraussage bezüglich der wirtschaftlichen Produktivität findet zustimmende Anerkennung – wenn auch ihre methodischen Grundlagen verschiedentlich kritisiert werden –, doch die falsche Prognose, wir würden im Jahr 2030 nur noch drei Stunden täglich arbeiten, scheint den Essay in der Rezeption allenfalls in das Reich der Utopie zu verbannen. Entsprechend wurde und wird Keynes' Text in der Fachwelt eher als Provokation oder als »Gedankenspiel« (so Keynes' Biograph Robert Skidelsky) denn als ernstzunehmender Beitrag betrachtet.

Umso erstaunlicher ist es, dass dieser von fachlicher Seite kritisch beäugte Text mit großer Hartnäckigkeit in einer breiteren Literatur am thematischen Rand der Wirtschaftswissenschaften umhergeistert. Wer sich in den vergangenen Jahrzehnten etwa mit der Zukunft der Arbeit, Phänomenen wie der zunehmenden Automatisierung der Arbeitswelt oder technologischer Arbeitslosigkeit, nachhaltigem Wirtschaften oder bedingungslosem Grundeinkommen auch und gerade im Zug der Digitalisierung beschäftigt hat, schien an Keynes' Essay kaum vorbeizukommen. Und so findet sich bei genauerem Hinsehen eine wachsende Anzahl von Vorträgen, Aufsätzen und Büchern unterschiedlichster Provenienz auch außerhalb der Ökonomik, die in verschiedener Weise auf Keynes zurückgreifen.[2]

2 So dient Keynes' Essay etwa Skidelsky (2014) oder Graeber (2023) als gedanklicher Leitfaden; auch Suzman geht in einem eigenen Kapitel ausführlich auf Keynes' Überlegungen ein (2020, Kap. 15).

Keynes' Essay hat also das merkwürdig paradoxe Schicksal erfahren, ein ausgesprochen prominentes Schattendasein zu fristen. Der Text ist in ökonomienahen Kreisen ein Klassiker, ohne dass oft deutlich würde, auf was seine Anziehungskraft nun eigentlich konkret beruht. Die Einschätzung, dass die *Wirtschaftlichen Möglichkeiten* mit anderen Klassikern das Schicksal teilen, ein »Meisterwerk« zu sein, »nicht, weil die in ihnen formulierten Theorien richtig wären, sondern obwohl zentrale Aussagen falsch sind«[3], scheint jedenfalls zu kurz zu greifen, wenn man nicht bloß die enge fachökonomische Perspektive einnimmt. Keynes war ein viel zu belesener und umsichtiger Denker, als dass man seinen Text auf eine verfehlte ökonomische Prognose reduzieren dürfte. Wirtschaftswissenschaftler sind gewöhnt, in Keynes den Autor seiner *General Theory of Employment, Interest and Money* (*Allgemeine Theorie der Beschäftigung, des Zinses und des Geldes*) von 1936 oder den Mitarchitekten des globalen Währungssystems von Bretton Woods[4] nach dem Zweiten Weltkrieg zu sehen.

Dabei gehen sie allzu leicht darüber hinweg, dass Keynes zeitlebens ein (wenn auch zunehmend kritischer) Anhänger der Ethik George Edward Moores (1873–1958) und engagiertes Mitglied der Bloomsbury-Gruppe war, um nur zwei entscheidende außerökonomische Einflüsse zu nennen. In den *Wirtschaftlichen Möglichkeiten*, so wird hier

3 Pies 2013, S. 30.

4 Bzw. der dort stattfinden Konferenz im Juli 1942, bei der eine grundsätzliche Vereinbarung über die Ordnung der Währungen und die Bandbreite der Wechselkurse getroffen wurde.

zumindest in Umrissen zu zeigen sein, drängt sich der edwardianisch sozialisierte Philosoph und Ästhetiker Keynes an die Seite des Ökonomen.

1. Essay und Werkkontext

Vortrag und Veröffentlichung

Erstmals hielt Keynes seinen Vortrag über die *Economic Possibilities for our Grandchildren* am 10. Februar 1928 vor dem Chameleon Club in Cambridge sowie ein weiteres Mal am 17. März vor der Essay Society im Winchester College auf Einladung von Charles Gifford, der später ebenfalls Ökonomik in Cambridge lehrte. (Letzterer Termin wird oft irrtümlich für den Erstvortrag genannt.) Ein drittes Mal hielt Keynes ihn am 22. Oktober desselben Jahres im Political Economy Club in Cambridge, wo ihn mutmaßlich auch Plumptre hörte, dessen Eindruck eingangs wiedergegeben wurde. Erst am 31. Mai 1930 trug Keynes seine Überlegungen erneut vor, diesmal im Kreis der Cambridge-Apostel.[5] Unter dem Eindruck der tiefgreifenden Krise, die seit 1929 die Weltwirtschaft in ihrem Griff hielt, unterzog er den Vortrag jedoch einer umfassenderen Überarbeitung und hielt ihn in dieser veränderten Fassung im Juni auf einer Vortragsreise in Madrid.[6]

5 Siehe hier Abschn. 3, S. 62–64.
6 Zu den Daten vgl. Skidelsky 1995, S. 664, Anm. 53; auch ebd., S. 234–238. Aktuelle Erkenntnisse zur Madrid-Reise liefert Sellarès 2020.

Diese überarbeitete Fassung des Vortrags veröffentlichte Keynes schließlich in zwei Teilen am 11. und 18. Oktober 1930 in der Zeitschrift *The Nation and Athenaeum*, deren Miteigentümer er war. Schließlich nahm er den Essay in die 1931 publizierte Sammlung *Essays in Persuasion* auf, die eine ganze Anzahl von publizistischen Texten enthält, die sich weniger an ein akademisches Fachpublikum als vielmehr an eine ökonomisch und politisch interessierte Öffentlichkeit richten. Dort bildet der Essay den Schlusspunkt unter der Kapitelüberschrift »The Future«.

Zwei Reisen nach Russland

Weniger unmittelbar als die Madrid-Reise, aber dennoch von Bedeutung für die Entstehung des Essays sind zwei Reisen, die Keynes zuvor unternommen hatte: 1925 war er kurz nach seiner Hochzeit mit der russischen Ballerina Lydia Lopokova (1892–1981) gemeinsam mit ihr nach Russland aufgebrochen, um in Leningrad ihre Familie kennenzulernen und in Moskau als Vertreter seiner Universität die russische Akademie der Wissenschaften zu besuchen.

Seine Eindrücke hielt er in mehreren Stücken für *The Nation and Athenaeum* fest, die er schließlich als *A Short View of Russia* mit in die *Essays in Persuasion* aufnahm. Falls Keynes tatsächlich jemals ernsthaft mit dem Sozialismus geliebäugelt haben sollte, wie manche Interpreten behaupten,[7] dann bloß oberflächlich und kurzfristig: Die prekären wirtschaftlichen Zustände sowie die Repressionen

7 Besonders ausführlich in jüngerer Zeit etwa James Crotty 2019.

gegen die Bevölkerung in der Sowjetunion stießen ihn jedenfalls ausdrücklich ab, und dieser Eindruck verstärkte sich bei einer weiteren Reise im April 1928. Ebenso wenig gelang es ihm, mit der Arbeiterklasse als vermeintlichem Souverän zu sympathisieren, und er machte nie einen Hehl aus seinen Loyalitäten, die er etwa auch in dem Beitrag *Am I a Liberal?* (1925) deutlich ausspricht:

> Sollte ich mich also [nach Ablehnung der konservativen Partei] der Arbeiterpartei anschließen? Oberflächlich betrachtet ist das attraktiver. Aber bei näherem Hinsehen ergeben sich große Schwierigkeiten. Zunächst einmal ist es eine Klassenpartei, und die Klasse ist nicht meine Klasse. Wenn ich überhaupt partikulare Interessen verfolge, dann meine eigenen. [...] Ich kann mich von dem beeinflussen lassen, was mir als Gerechtigkeit und gesunder Menschenverstand erscheint; aber der *Klassen*kampf wird mich auf der Seite des Bildungsbürgertums finden.[8]

Ein Detail der politischen Entwicklung in Russland erschien ihm jedoch bedenkenswert. Den Bolschewisten warf er vor, Mittel mit Zwecken zu verwechseln sowie »religiösen« Fanatismus zu pflegen. Doch sah er in der Bewegung den möglichen Keim zu etwas Neuem, mit dem er grundsätzlich sympathisierte. Dieses Neue sei die rigorose Abkehr von der Liebe zum Geld, die er als große moralische Schwäche des Kapitalismus betrachtete.

Um keine Missverständnisse aufkommen zu lassen: Keynes war, wie Ulrike Herrmann auch im Vergleich mit

8 Keynes 2015b, S. 297* (Hervorhebung im Original).

Adam Smith (1723–1790) und Karl Marx (1818–1883) deutlich herausgearbeitet hat, ein glühender Anhänger des Kapitalismus, dem man sämtliche Segnungen der modernen Zivilisation zu verdanken habe.[9] Bekannt ist die entsprechende Schilderung aus seinem Buch *The Economic Consequences of the Peace* (*Die wirtschaftlichen Folgen des Friedensvertrags*), das ihn 1919 international berühmt machte:

> Ein Einwohner Londons konnte, während er seinen Morgentee im Bett schlürft, am Telefon die verschiedenen Erzeugnisse der ganzen Erde in jeder Menge bestellen, die er für angemessen hielt, und zu Recht erwarten, dass sie bald an seine Haustür geliefert werden; er konnte zur gleichen Zeit und mit den gleichen Mitteln seinen Reichtum in die natürlichen Ressourcen und neuen Unternehmungen in jedem Winkel der Welt investieren und ohne Anstrengung oder gar Mühe an ihren künftigen Früchten und Vorteilen teilhaben; oder er konnte beschließen, die Sicherheit seines Vermögens mit dem guten Glauben der Bürger einer beliebigen größeren Gemeinde auf irgendeinem Kontinent zu verbinden, die ihm Fantasie oder Informationen empfehlen würden.[10]

Diese Schilderung lässt sich ohne weiteres als die »wirtschaftliche Glückseligkeit« (S. 22) auffassen, die Keynes auch in den *Wirtschaftlichen Möglichkeiten* vorschwebt – ein Ausdruck, den Keynes von dem früh verstorbenen Mathe-

9 Zu den drei Ökonomen im Zusammenhang vgl. Herrmann 2018; zum Kapitalismus als »Faszinosum« siehe auch Herrmann 2022, S. 19–27.

10 Keynes 2013, S. 6*.

matiker und Freund Frank Ramsey (1903–1930) übernommen hat. Allerdings haftet dem Kapitalismus, wie Keynes bisweilen zu bedenken gibt, der Geburtsfehler einer übermäßigen Wachstumsorientierung an. Diese fördert die Liebe zum Geld. Und Geldgier wiederum verstand er als eine moralische Verirrung. Daher bedürfe die wirtschaftliche Komponente des gesellschaftlichen Lebens eines moralischen Korrektivs, das Keynes unter dem weltlich zu verstehenden Begriff der Religion fasst. Der Begriff taucht bei Keynes auch in anderen Kontexten auf, etwa wenn er sich in dem Aufsatz *My Early Beliefs* auf die ›Religion‹ Moores bezieht,[11] die man in Cambridge vor dem Krieg aus dessen Ethik gezogen habe. In Russland nun, so viel gesteht Keynes dem Bolschewismus zu, werde die Liebe zum Geld als Selbstzweck systematisch daran gehindert, in der Lebenspraxis der Menschen Fuß zu fassen:

> Eine Revolution in der Art und Weise, wie wir über Geld nachdenken und empfinden, könnte zunehmend das Ziel gegenwärtiger Verkörperungen des Ideals werden. Vielleicht stellt der russische Kommunismus mithin die erste undeutliche Regung einer großen Religion dar.[12]

In den *Wirtschaftlichen Möglichkeiten* versucht Keynes, diese Aussicht, die er hier zunächst dem Kommunismus als Möglichkeit zuschreibt, aus der Entwicklung des Kapitalismus selbst herzuleiten. Dabei bemerkt er in *A Short View of Russia*, dass der Kapitalismus zu seiner Durchsetzung öko-

11 Vgl. Keynes 2014, S. 435 f.
12 Keynes 2015a, S. 309*.

nomisch nicht nur einfach effektiver, sondern notwendigerweise *um ein Vielfaches* effektiver sein müsse. Dies mag mit ein Grund dafür sein, weshalb Keynes in den *Wirtschaftlichen Möglichkeiten* den zu erwartenden Produktivitätszuwachs detailliert vorrechnet.

Bezüge zum Gesamtwerk

Die mit *Clissold* überschriebene Rezension eines Romans von H. G. Wells (1866–1946), der erstmals 1927, also zwischen Wells' Roman und seinem eigenen Essay veröffentlicht wurde, nimmt einige zentrale Gedanken von Keynes' Text vorweg.[13]

Wells' Buch ist ein Ideenroman, in dem weniger die Handlung in der fiktiven Welt seines Protagonisten als vielmehr die Diskussion allgemeiner Themen im Vordergrund steht. Zahlreich sind dabei auch die Überschneidungen mit der realen Welt, bis hin zur mehrfachen Erwähnung von Keynes selbst.[14]

13 Sie wurde zusammen mit den *Economic Possibilities* in den *Essays in Persuasion* im Kapitel »The Future« veröffentlicht. Dies blieb, wie zu Recht beklagt (Magness/Harrigan 2020, S. 212), bisher nahezu unbeachtet, vielleicht auch deswegen, weil es sich um eine Besprechung des seinerzeit kritisierten und heute vergessenen Romans *The World of William Clissold* (1926) von Wells handelt, einem Autor, mit dem Keynes ein langjähriger und vertrauter Austausch verband.

14 »Und doch hat Keynes Dickons und meine eigenen Ideen zutiefst beeinflusst, und ich wäre enttäuscht, wenn ihn das, was ich hier unter den Oliven schreibe, nicht wenigstens in Cambridge erreichte – mit meinen besten Grüßen.« (Wells 1926, S. 596 f.*)

In seiner Rezension, mit der Keynes seinem Freund gegen die negativen Kritiken beistehen wollte, arbeitet er vor allem zwei Aspekte »mit quasi-ökonomischem Charakter« heraus:

Der Roman enthalte einerseits einen flammenden Protest gegen den Konservatismus. In einer Welt rapiden materiellen Wandels könnten die überkommenen Ideen und Vorurteile nicht mehr mithalten. Dabei werde das Festhalten an der Tradition begünstigt durch einen sich in Großbritannien abzeichnenden demographischen Wandel (eine sinkende Geburtenrate und steigende Lebenserwartung), den Keynes als einer der ersten Ökonomen zur Kenntnis nahm und in dem er eine Ursache für übertriebenes Sicherheitsdenken sah. Umgekehrt verhindere eben diese gesellschaftliche Konfiguration, dass die fortschrittlichen Kräfte – die er vor allem im Geschäftsleben sieht – ihre Energie auf nutzbringende und sinnstiftende Tätigkeiten richten.

Andererseits verharre die Fortschrittsbewegung, so Keynes' zweiter Punkt, in einer pathologischen Ausrichtung auf den Gelderwerb – womit sich thematisch der Kreis zu *A Short View of Russia* schließt. Der fehlende »Glaube« – auch an dieser Stelle begegnet wieder die religiöse Terminologie – einer substantiellen Zukunftsvision mache das Geld für Menschen mit Handlungsdrang zum perfekten Ersatz: »Sie wären so gerne Apostel. Doch sie können es nicht. Sie bleiben Geschäftsleute.«[15] Man entdeckt darin unschwer die Kritik an den geldgierigen Geschäftsmenschen wieder, die Keynes bereits 1926 in seinem wichtigen Aufsatz *The End of Laissez-faire* (*Das Ende des Laissez-faire*) vorbrachte:

15 Keynes 2015c, S. 320*.

Was für ein schönes Bild vom großen Industriekapitän, einem meisterhaften Individualisten, der uns zu Diensten ist, indem er sich selber dient, ganz so wie andere große Künstler auch. Doch über die Zeit verblasst auch dieses Idol. Wir zweifeln immer mehr, ob tatsächlich er es sein sollte, der uns an der Hand nehmen und uns ins Paradies führen wird.[16]

2. Die ökonomische Debatte

Als Ökonom war Keynes keineswegs nur als Theoretiker bzw. als Professor in Cambridge einflussreich. Bekannt wurde er vor allem auch als Berater für das britische Schatzamt (das Finanz- und Wirtschaftsministerium) während beider Weltkriege. Die internationale Wirtschaftsordnung, die nach dem Zweiten Weltkrieg als »Bretton-Woods-System« bis in die 1970er Jahre die globalen Finanzen steuerte, entstand unter maßgeblicher Mitarbeit von Keynes, wenngleich er sich nicht mit allen seinen Vorstellungen durchsetzen konnte.

Auch als Schatzmeister für das King's College war er ausgesprochen erfolgreich: Durch geschickte Investitionen konnte er von 1927 bis 1946 dessen anfänglichen Kapitalstock von 30 000 Pfund ungeachtet aller Wirtschaftskrisen mehr als verzehnfachen. Als Privatinvestor und Spekulant ging er mit eigenem und dem Vermögen von Eltern und Freunden weniger umsichtig um, was ihn drei Mal beinahe in den Ruin getrieben hätte. Doch es gelang ihm stets, das

16 Keynes 2020, S. 34.

Blatt wieder zu wenden, und nach hohen Verlusten in der Weltwirtschaftskrise 1929 wurde er schnell wieder der wohlhabende Mann, der er dann zeitlebens blieb.[17]

Kurze und lange Frist

Doch nicht (nur) aus Eigeninteresse, sondern vor allem auch aus übergeordneten ökonomischen Problemstellungen und Überlegungen heraus war Keynes' Denken auf unmittelbar wirksame Interventionen gerichtet. Besonders das Problem der grassierenden Arbeitslosigkeit, die im Verlauf der 1920er und 1930er Jahre trotz aller Gegenmaßnahmen konstant bei über zehn Prozent blieb,[18] beschäftigte ihn stark. Zugleich entwickelte er die seinerzeit neue These, dass Löhne und Preise zu träge (»sticky«) seien, als dass der Markt sich in Krisenzeiten effektiv selbst regulieren könne. Berühmt wurde die Passage aus dem 1923 veröffentlichten *Tract on Monetary Reform* (*Traktat über die Währungsreform*), die schon auf entsprechende Überlegungen in der *General Theory* vorverweist und im Übrigen das wohl bekannteste Zitat von Keynes enthält, inzwischen ein geflügeltes Wort:

> Doch diese *lange Sicht* [der klassischen Ökonomik] wirft ein irreführendes Licht auf die momentanen Schwierigkeiten. *Auf lange Sicht* sind wir alle tot. Die Ökonomen

17 Neben Skidelsky 2005, einer »Kurzfassung« seiner dreibändigen Biographie, sind wichtige Bücher zu Keynes' Leben und Werk auch Moggridge 1995 und Carter 2021.

18 Vgl. Feinstein [u. a.] 1997, S. 132.

> stellen sich eine zu leichte, eine zu nutzlose Aufgabe, wenn sie uns in stürmischen Zeiten bloß erzählen können, dass dann, wenn der Wind schon lange abgeflaut ist, der Ozean wieder still sein wird.[19]

Keynes' Fixierung auf Kurzfristigkeiten, wie Kritiker sie ihm vorwarfen, resultiert also nicht aus einem prinzipiellen Desinteresse an längerfristigen Wirtschaftsentwicklungen, sondern vielmehr aus der Suche nach schnell wirksamen Gegenmitteln bei krisenhaften wirtschaftlichen Ungleichgewichten, wie sie die Zwischenkriegszeit prägten.[20]

Vor allem bildet die ökonomische Kurzfristperspektive keinen Widerspruch zu der längerfristigen der *Wirtschaftlichen Möglichkeiten*, ja sie steht damit nicht einmal in unmittelbarem Zusammenhang. Wenn manche Rezipienten in dem Essay ein bewusst aufgestelltes Gegengewicht zu Keynes' »Kurzfrist-Ökonomie« sehen wollen, dann verwischen sie streng ökonomische Methodik und Theoriebildung mit philosophisch-ästhetischer Analyse und Utopie. Zudem unterschätzen sie die Breite von Keynes' Interessen und Überlegungen auch im ökonomischen Bereich, die auch die Suche nach einem evolutionären Wirtschaftsmodell abseits marxistischer Geschichtsphilosophie umfasst.[21]

19 Keynes 1929, S. 80* (Hervorhebungen im Original).

20 Dies wird Keynes auch später in der *General Theory* deutlich machen: »Die auffälligsten Fehler unserer Volkswirtschaft sind ihre Unfähigkeit, für Vollbeschäftigung zu sorgen, und ihre willkürliche und ungerechte Verteilung von Vermögen und Einkommen.« (Keynes 2017, S. 308.)

21 So ist es etwa eine kaum beachtete Tatsache, dass Keynes große Stücke auf die Stufentheorie des heute wenig bekannten ameri-

Schon John Stuart Mill (1806–1873) hatte sich in seinen *Principles of Political Economy* von 1848 gefragt, worauf die wirtschaftliche Entwicklung der Industrialisierung letztlich hinauslaufen werde. Er teilte die Auffassung der klassischen Ökonomen wie Adam Smith, David Ricardo oder Thomas Robert Malthus, dass die Wirtschaftsentwicklung am Ende in einen stationären Zustand (»steady state«) münden werde – eine Annahme, die von der neoklassischen Ökonomik heute vehement abgelehnt wird, ohne dass sie jedoch die aus ihrer ablehnenden Haltung folgende Paradoxie des unendlichen Wachstums in einer endlichen Welt aufzulösen vermöchte. Keynes ist auch hier, wie so oft, ein Denker des mittleren Weges, der in den *Wirtschaftlichen Möglichkeiten* sowohl Wirtschaftswachstum als auch die Idee eines stationären Zustands miteinander zu versöhnen versucht. Eine Passage aus Mills *Principles* jedenfalls kann ohne weiteres als Blaupause auch zum Verständnis von Keynes' Intention gelesen werden:

> Doch immer, wenn man über eine fortschreitende Bewegung nachdenkt, die ihrem Wesen nach nicht unbegrenzt ist, gibt sich der Verstand nicht damit zufrieden, bloß deren Bewegungsgesetze auszumachen; er kann nicht umhin, die weitergehende Frage zu stellen: mit welchem Ziel? Auf welchen Schlusspunkt steuert die gesellschaft-

kanischen Institutionsökonomen John Rogers Commons (1862–1945) hielt, der zufolge die Wirtschaft drei Phasen durchlaufen werde: eine Phase der Knappheit, eine des Überflusses und schließlich diejenige der Stabilisierung (vgl. Skidelsky 2005, S. 368 f.; Näheres bei Whalen 2008). Diese Stufenfolge lässt sich leicht in den *Wirtschaftlichen Möglichkeiten* wiederfinden.

liche Entwicklung mit ihrem industriellen Fortschritt zu? Wenn die Entwicklung endet, in welchem Zustand wird sie die Menschheit mutmaßlich zurücklassen?[22]

Debatten I: Technik und Wachstum

Die aktuellere fachökonomische Auseinandersetzung mit Keynes' Überlegungen fand ihren vorläufigen Höhepunkt in dem 2008 von Lorenzo Pecchi und Gustavo Piga herausgegebenen Band *Revisiting Keynes*,[23] in dem ein *Who's Who* der fachwissenschaftlichen Zunft sich ausschließlich mit den *Wirtschaftlichen Möglichkeiten* beschäftigt.

Der Tenor hinsichtlich der wirtschaftlichen Entwicklung in den wohlhabenden Industrienationen, die Keynes prognostiziert hat, wird stellvertretend von Gary Becker (1930–2014) und Luis Rayo auf einige Einsichten verdichtet, denen man uneingeschränkt zustimmen könne:

> die Stagnation der Weltwirtschaft bis vor einigen Jahrhunderten; die bemerkenswerten Effekte des Zinseszins auf mögliche Verbesserungen des Einkommens; die Wichtigkeit, Wissenschaft für das wirtschaftliche Leben nutzbar zu machen, um technologischen Fortschritt zu schaffen; die Beseitigung der Not in den wohlhabenden Ländern, sich zu schinden, nur um sich grundlegende Notwendigkeiten zu verschaffen; und noch manches Weitere.[24]

22 Mill 2006, S. 752*.
23 Pecchi/Piga 2008; eine umfassende Aufarbeitung der Diskussion findet sich etwa bei Hagemann 2011.
24 Becker/Rayo 2008, S. 179*.

Ein Beitrag des Ökonomen Fabrizio Zilibotti schlüsselt in diesem Zusammenhang die weltwirtschaftliche Entwicklung detailliert in Zahlen und Diagrammen auf, und auch er gelangt zu dem Ergebnis, dass der materielle Fortschritt insgesamt Keynes' Prognose entspricht, wenn auch mit starken regionalen und zeitlichen Unterschieden.[25]

Man ist sich also weitgehend einig darin, dass Keynes im Ergebnis recht behalten hat. Dies mag Nichtfachleute ein wenig verwundern, da einerseits die Prognose eines vier- bis achtfachen Wachstums keine sehr präzise Größe ist und andererseits auch die Vergleichszahlen erhebliche Schwankungen aufweisen. Wie die Ökonomin Mariana Mazzucato in ihrem Buch *The Value of Everything* (dt. *Wie kommt der Wert in die Welt?*) am Beispiel der volkswirtschaftlichen Gesamtrechnung ausführt, die in der Nachkriegszeit entwickelt und seitdem immer wieder angepasst wurde, fließen bereits in die Auswahl der zu berücksichtigenden Kriterien viele mehr oder weniger willkürliche Entscheidungen ein, und die dann eingerechneten Werte sind lediglich Schätzungen.[26] Entsprechend finden sich trotz analoger Tendenz in den Statistiken etwa zum Bruttoinlandsprodukt (BIP) gesamt oder auch zum Pro-Kopf-BIP deutliche Unterschiede, je nach hinzugezogener Quelle. Gelegentliche fachliche Kritik an Keynes' Wirtschaftsprognose geht allerdings nur in die Richtung, dass sie sich nicht stringent aus seinem methodischen Werkzeugkasten herleiten lasse, sondern eher quer zu diesem verlaufe. Unter dem vielsagenden Titel *All the Interesting Questions,*

25 Vgl. Zilibotti 2008.
26 Vgl. Mazzucato 2019, Kap. 3.

Almost All the Wrong Reasons wenden Michele Boldrin und David Levine entsprechend ein:

> Er stellte die richtigen Fragen, und er traf fast alle Vorhersagen korrekt. Aber wir beharren darauf, dass er die zugrunde liegenden *ökonomischen Fragen* nur unzusammenhängend beantwortet hat: Er hat das richtige Ergebnis erraten, doch seine Schätzungen leiten sich kaum aus dem von ihm aufgestellten analytischen Instrumentarium her oder von den historischen Fakten oder auch nur schlichter Logik.[27]

Debatten II: Arbeitszeit und Bedürfnisse

Kontroverser und differenzierter fällt die Diskussion darüber aus, weshalb Keynes' Prognose bezüglich der 15-Stunden-Arbeitswoche so spektakulär gescheitert ist. Zwar hatte sich die wöchentliche Arbeitszeit im Durchschnitt in den Jahrzehnten vor den *Wirtschaftlichen Möglichkeiten* erheblich reduziert (von etwa 56 Stunden auf rund 48 Stunden), und dieser Trend setzte sich noch bis in die 1960er Jahre fort. Doch seitdem stagniert die Wochenarbeitszeit, und in manchen Industrienationen steigt sie in den letzten Jahren sogar wieder leicht an.[28]

27 Boldrin/Levine 2008, S. 163*.

28 Dabei muss man berücksichtigen, dass ein früheres Renteneintrittsalter in Verbindung mit einer erhöhten Lebenserwartung die Lebensarbeitszeit in den Industrienationen zusätzlich zur Reduktion der Wochenarbeitszeit und längeren Urlaubszeiten in den vergangenen Jahrzehnten spürbar verringert hat.

Moderne Ökonomen sind es gewöhnt, arbeitsfreie Zeit in ökonomischen Begriffen der Zeitallokation zu diskutieren und als Teil der individuellen Nutzenfunktion zu betrachten, da nicht beliebig viel Lebenszeit zur Verfügung steht und sie entsprechend auf verschiedene (Un-)Tätigkeiten verteilt (alloziert) werden muss. In dieser Perspektive unterliegt die Freizeit zwei gegenläufigen Effekten: Der »Substitutionseffekt« hat zur Folge, dass bei steigendem Lohnsatz die Opportunitätskosten für Freizeit steigen. Mit anderen Worten: Wenn man für eine Stunde Arbeit mehr Geld erhält, verzichtet man für eine Stunde Freizeit auf mehr Geld als vor der Lohnerhöhung. Umgekehrt kann man bei steigendem Einkommen die Arbeitszeit zugunsten der Freizeit reduzieren, wenn man auf dem gleichen Einkommensniveau bleiben möchte (die Ökonomik bezeichnet dies als »Einkommenseffekt«). Aufgrund dieser gegenläufigen Effekte kann ein höheres Produktivitäts- und Einkommensniveau theoretisch also durchaus sowohl mit einer Arbeitszeiterhöhung als auch mit der entgegengesetzten Tendenz einhergehen. Entsprechend konnte der für seine Untersuchungen über Schulden bekannt gewordene Anthropologe und Aktivist David Graeber (1961–2020) mit Bezug auf Keynes' Arbeitszeit-Prognose zu Recht resümieren:

> Wir haben allen Grund zu glauben, dass er recht hatte. Aus technischer Sicht wären wir durchaus dazu in der Lage. Und doch kam es nicht so. Wenn überhaupt, wurden mithilfe der Technologie neue Wege erschlossen, damit wir alle mehr arbeiten.[29]

29 Graeber 2023, S. 13.

Warum aber ist das so? Becker und Rayo führen eine Reihe von Gründen an. Zunächst einmal unterschätze Keynes paradoxerweise die Kraft der technologischen Innovation, nicht nur Kapital- und Produktionszuwächse zu schaffen, sondern auch neue bahnbrechende Güter, deren Konsum bezahlt werden will. Zudem hat Keynes, so die Forscher, seinen Untersuchungen die Arbeitsgewohnheiten englischer Gentlemen zugrunde gelegt, die sich deutlich von denjenigen moderner westlicher Arbeiternehmer unterscheiden. Weiterhin hat er sowohl die Komplexität des Zeitallokationsproblems als auch die internationalen Unterschiede zwischen den Volkswirtschaften und damit einhergehende Aufholeffekte unzureichend berücksichtigt.[30]

Weitere Aspekte werden etwa von Richard Freeman beigesteuert. So muss man zwischen verschiedenen Regionen differenzieren, denn während die Arbeitszeiten in Europa abgenommen haben, sind sie in den USA auf konstant hohem Niveau geblieben. Zudem hat sich das Verhältnis von Arbeitsleistung und Einkommen verändert: Während die wohlhabende Oberschicht früher von den Renten beispielsweise aus Landbesitz gelebt und Müßiggang gepflegt hat, ist es seit der zweiten Hälfte des 20. Jahrhunderts gerade die Klasse der Top-Verdiener, die am meisten arbeitet, während es am unteren Ende der Einkommensskala immer schwieriger wird, vom eigenen Einkommen zu leben – und das setzt wiederum Anreize, mehr zu arbeiten. Keynes hat insgesamt, so Freemans Fazit, die Macht ökonomischer Anreize verkannt – und man müsse dem Himmel danken, dass Keynes den menschlichen Arbeitseifer unterschätzt

30 Siehe Becker/Rayo 2008, S. 179 f.

habe.[31] Zudem differenziert die Reduktion des Arbeitsproblems auf die individuelle Nutzenfunktion, so Freeman weiter, nicht genügend zwischen ›guter‹ und ›schlechter‹ Arbeit, wie auch David Spencer ergänzt: Der technologische Fortschritt kann und muss nicht, wie Keynes nahelegt, zwangsläufig von jeder Art Arbeit, sondern bloß von mühsamer und stumpfsinniger Plackerei befreien, um auf diese Weise zugleich innerhalb des gegebenen Rahmens den Spielraum schöpferischer und erfüllender Arbeit zu vergrößern und wahrzunehmen.[32]

Kritisiert wird auch Keynes' unterkomplexe Beschreibung menschlicher Bedürfnisse. In seinem Essay unterscheidet er grob zwischen ›absoluten‹ und ›relativen‹ Bedürfnissen (siehe hier S. 14). Dabei geht er davon aus, dass beide Bedürfnisse prinzipiell befriedigt werden können. Damit ist er jedoch weitaus optimistischer als der Großteil seines Fachs. Schon Karl Marx hatte 1849 seine berühmte Feststellung getroffen:

> Ein Haus mag groß oder klein sein, solange die es umgebenden Häuser ebenfalls klein sind, befriedigt es alle gesellschaftlichen Ansprüche an eine Wohnung. Erhebt sich aber neben dem kleinen Haus ein Palast, und das kleine Haus schrumpft zur Hütte zusammen.[33]

Keynes' Zeitgenosse Thorstein Veblen (1857–1929) hat ein halbes Jahrhundert nach Marx in seinem Buch *The Theory of*

31 Freeman 2008, S. 142.
32 Spencer 2020, S. 61.
33 MEW 6, S. 411.

the Leisure Class (dt. *Theorie der feinen Leute*) detailliert die Mechanismen analysiert, mit denen sich die oberen Schichten gezielt auch durch Statuskonsum (»conspicuous consumption«) von anderen Milieus abgrenzen.[34] Viele Ökonomen bezweifeln nachdrücklich, dass diese Form des Konsums einmal enden könne, zumal unter dem ökonomischen Diktat sich beständig diversifizierender Güter und Dienstleistungen sowie immer kürzerer Produktlebenszyklen.

Wenngleich die fachwissenschaftliche Debatte um Keynes' Essay in den letzten Jahren wieder ein wenig abgeebbt ist, ist man einer Lösung zentraler Fragen doch insgesamt kaum näher gekommen. Vielleicht muss man den Beiträgen der ökonomischen Debatte allerdings auch einräumen, dass der kleine Aufsatz, wie der Politökonom John Toyes (1942–2021) es ausdrückte, zum Teil auch eher »als Tintenkleks in einem Rorschachtest für führende Ökonomen der Gegenwart«[35] dient und mehr über die kommentierenden Autoren selbst als über ihren Gegenstand verrät.

3. Texte und Intertexte

Während die fachökonomische Debatte um den Text kontroverse Erkenntnisse zutage förderte, sind außerökonomische Einflüsse und Überlegungen bislang wenig beachtet worden. Besonders die ethischen Bezugspunkte seiner akademischen Herkunft durchziehen Keynes' ökonomi-

34 Veblen 2011, bes. Kap. 4.
35 Pecci/Piga 2008: Auszug aus einer Rezension der *Economic History Review* auf dem Buchrücken*.

sches Denken und lassen sich keineswegs als Privatangelegenheit getrennt von seinen öffentlichen Einlassungen betrachten.[36] Doch während Bezüge zu Moore und Fry öfter erwähnt werden, warten etwa die literarischen Bezüge darauf, noch genauer untersucht zu werden.[37]

Moore und Cambridge

Keynes gehörte als Sohn einer Akademikerfamilie aus Cambridge der gehobenen Mittelschicht an, und dieses Klassenbewusstsein, verbunden mit Ehrgeiz und großem Fleiß, füllte er zeitlebens gewissenhaft aus. Zugleich aber stand er gesellschaftlichen Gruppen nahe, die aus dem engen Korsett spätviktorianischer Moral und Prüderie ausbrechen wollten, so dass Keynes schon früh zu dem »man of affairs« (Skidelsky) wurde, der in Universität, Politik, Finanz- und Kunstwelt gleichermaßen zuhause war.

Keynes studierte nach dem Besuch des renommierten Eton College seit 1902 Mathematik sowie Philosophie und Geschichte am King's College in Cambridge; in den Wirtschaftswissenschaften hat er paradoxerweise nie einen Abschluss gemacht. Bereits in seinem ersten Jahr wurde er in den Kreis der »Cambridge-Apostel« aufgenommen, einen elitären und geheimen Debattierclub, dessen rein männliche Zusammensetzung auch das Ausleben homoerotischer Neigungen erlaubte und förderte. Berühmte Forscher wie

36 Wie Rod O'Donnell (1989, S. 169) hervorhebt.

37 Wie wichtig sie indes für Keynes selbst waren, zeigt etwa 1936 ein Radiobeitrag für die BBC unter dem Titel *On Reading Books* (dt. *Über das Lesen von Büchern*; vgl. Keynes 2008, S. 171–182).

Bertrand Russell (1872–1970) und George Edward Moore (1873–1958) oder der Maler Roger Fry (1866–1934) gehörten dem Club ebenso an wie Keynes' Altersgenossen Lytton Strachey (1880–1932) und Leonard Woolf (1880–1969), die später mit anderen den Kern der Bloomsbury-Gruppe bilden sollten.

Im gleichen Jahr, in dem Keynes bei den Aposteln aufgenommen wurde, veröffentlichte George Edward Moore seine *Principia Ethica*, die in Cambridge auf Jahre hinaus die philosophische Diskussion prägen sollten und auch den jungen Keynes in ihren Bann zogen. Moore distanzierte sich in seiner Arbeit von der utilitaristischen Grundausrichtung der Ethik, die in Cambridge vor allem von Henry Sidgwick (1838–1900) einflussreich vertreten wurde. Anstatt moralisch gutes Handeln nach seinem Nützlichkeitswert zu bemessen, fragte Moore nach der Bedeutung des Wortes ›gut‹ und damit nach dem Gegenstand der Ethik selbst. Er nahm hier eine Fragetechnik vorweg, mit der später Ludwig Wittgenstein (1889–1951) die sprachanalytische Ausrichtung der angelsächsischen Philosophie prägen sollte.

Die Antwort, die Moore gab, war zunächst wenig befriedigend: Was ›gut‹ an sich sei, lasse sich nicht definieren, denn um eine Definition geben zu können, müsste sich das Wort durch andere Wörter bestimmen lassen. Damit würde es dann aber eben nicht mehr ›gut‹, sondern etwas anderes bedeuten. ›Gut‹ lasse sich folglich, wie beispielsweise auch der Farbeindruck ›gelb‹, nicht definitorisch bestimmen, obwohl oder gerade deshalb, weil jeder intuitiv wisse, was die Wörter ›gut‹ oder ›gelb‹ bedeuten. Man kann aber Moore zufolge gleichwohl ›gute Dinge‹ benennen:

> Die bei weitem wertvollsten Dinge, die wir kennen oder uns vorstellen können, sind gewisse Bewußtseinszustände, die sich summarisch umschreiben lassen als die Freuden [pleasures] menschlichen Umgangs und das Genießen schöner Gegenstände. Wahrscheinlich hat niemand, der sich die Frage vorgelegt hat, je daran gezweifelt, daß persönliche Zuneigung und die Wertschätzung des Schönen in Kunst oder Natur gut an sich sind; noch dürfte es wahrscheinlich sein, daß jemand bei genauer Überlegung, welche Dinge *rein um ihrer selbst willen* den Besitz wert sind, glauben kann, irgend etwas anderes habe *annähernd* soviel Wert wie die unter diesen zwei Bezeichnungen zusammengefaßten Dinge.[38]

Bloomsbury

Diese Charakterisierung des guten Lebens verweist unmittelbar auf die Konstitution der Bloomsbury-Gruppe, benannt nach dem Londoner Stadtteil Bloomsbury, in dem die Mitglieder in wechselnden Wohnungen und Zusammenschlüssen über Jahrzehnte hinweg gemeinsam lebten. Bei der Gruppe handelte es sich im Kern um eine Verbindung aus ehemaligen Cambridge-Aposteln und den Geschwistern Stephen, von denen Vanessa Bell (1879–1961) und Virginia Woolf (1882–1941) besonders berühmt werden sollten. Viele der Mitglieder brachten Moores Ethik in den frühen Jahren eine geradezu religiöse Verehrung entgegen, von der sich Keynes keineswegs ausschloss. Aller-

38 Moore 1970, S. 260 (Hervorhebungen im Original).

dings blieb Moore, wie er auch selbst einräumte, eher vage und abstrakt in Bezug auf die Klärung der Frage, worin nun konkret die Verbindung zwischen dem Guten der Bewusstseinszustände und dem Schönen der Kunst bestehe.

In diese Lücke stieß der Maler und Kunstkritiker Roger Fry. Der (selbst ehemaliger Cambridge-Apostel) war zwar eine Generation älter als die übrigen Mitglieder der Bloomsbury-Gruppe, wurde aber vielleicht gerade deswegen ihr *spiritus rector* vor allem in Fragen der bildenden Kunst. 1920 veröffentlichte er *An Essay in Æsthetics*, in dem er einige grundlegende ästhetische Überlegungen ausformulierte. Zentral ist darin die Unterscheidung zwischen dem ›realen‹ und dem ›imaginativen‹ Leben. Ersteres erlebt unmittelbar äußere Eindrücke und reagiert nahezu instinktiv; Letzteres beobachtet Kunsterzeugnisse und reflektiert die eigenen emotionalen Reaktionen darauf. Erst diese Fähigkeit zu Besonnenheit und Reflexion ermöglicht es, sich innerlich vom Gegebenen zu distanzieren und somit eine höhere Stufe von Erleben, Nachdenken und letztlich auch Sittlichkeit zu kultivieren:

> Doch mit den Lehren der Erfahrung und der Reife des Charakters entspricht das imaginative Leben auch anderen Instinkten und befriedigt andere Bedürfnisse, bis es tatsächlich die höchsten Ansprüche und die tiefsten Abneigungen widerspiegelt, derer die menschliche Natur fähig ist. […] Doch unterscheidet diese Wünschbarkeit des imaginativen Lebens es scharf vom realen Leben und ist direkte Folge jener ersten fundamentalen Differenz: der Freiheit von notwendigen äußeren Bedingungen. Die Kunst ist demnach, wenn ich damit richtig liege, das

hauptsächliche Werkzeug des imaginativen Lebens, und wie wir gesehen haben, ist dem imaginativen Leben die größere Klarheit seiner Wahrnehmung eigentümlich, die größere Reinheit und Freiheit seines Gefühls.[39]

Fasst man nun diese beiden Einflüsse zusammen, könnte man auf den Gedanken kommen, dass im Hintergrund von Keynes' Skizze eines guten Lebens jenseits ökonomischer Zwänge sowohl das formal-abstrakte gute Leben im Sinne Moores als auch die konkrete Gestalt eines der Kunst gewidmeten Zusammenlebens in der Bloomsbury-Gruppe stehen.

Wie eng und zugleich vielfach verzweigt der Austausch in dieser Gruppe war, bezeugt exemplarisch der 1928 erschienene Essay *Civilisation* von Clive Bell (1881–1964), Vanessa Bells Mann und zeitweise Keynes' Mitbewohner. Bell diskutiert darin den seinerzeit noch vorgeblich neuen Modebegriff der Zivilisation, und auch hier ist eine Fundierung durch Moores Ethik und die Übereinstimmung mit Frys ästhetischer Konzeption zu beobachten: Die Zivilisation sei, so Bell, ein bestimmtes Mittel des Guten, das er wiederum mit guten Bewusstseinszuständen in Zusammenhang bringt. Der Versailler Vertrag, der Keynes so viel Kopfzerbrechen bereitet hatte, findet sich ebenso erwähnt wie der Schriftsteller H. G. Wells. Am markantesten ist jedoch die geteilte Einschätzung, Zivilisation verkörpere sich in (den wenigen) Menschen, die durch Anlage und entsprechende Bildung ihren Werthorizont jenseits materieller Güter kultiviert hätten:

39 Fry 1920, S. 16*.

> Ich kann also sagen, dass die einzigen Menschen, die den Schlüssel zu diesem Palast der Freuden besitzen, diejenigen sind, die Kunst und Denken um ihrer selbst willen sowie Wissen als Werkzeug der Kultur schätzen können.[40]

Es ist vielleicht nicht allzu weit hergeholt, wenn man Bells Essay auch als kulturphilosophisches Komplementärstück zu Keynes' skizzenhafter Utopie liest. Darüber hinaus macht Bell eine interessante texttypologische Unterscheidung, wenn er von »modern poetry and philosophy and philosophic fiction«[41] spricht, also von moderner Poesie, Philosophie und philosophischer Fiktion – Letzteres eine Bezeichnung, die man ihrerseits durchaus auch auf Keynes' Essay anwenden könnte, wollte man ihn weniger als ökonomischen denn als ästhetisch-philosophischen Text lesen.

Philosophische Fiktion

Ein weiterer, bisher jedoch nicht weiter beachteter Zweig intertextueller Bezüge weist in Richtung der Science-Fiction-Literatur der Jahrhundertwende. In dem 1895 veröffentlichten Roman *The Time Machine* (dt. *Die Zeitmaschine*), dem der Autor 1931 ein neues Vorwort hinzufügte, zeichnete H. G. Wells ein Bild der künftigen Menschheit, das vordergründig eine marxistische Utopie hätte werden können: Die Morlocks (Proletariat) haben sich die Produk-

40 Bell 1928, S. 88*.
41 Ebd., S. 27*.

tionsmittel angeeignet und beherrschen nun *de facto* die Eloi (Bourgeoisie). Doch Wells erzählt, anders als die Marxisten, keine Geschichte einer Befreiung bzw. Entknechtung, sondern diejenige eines zivilisatorischen Niedergangs, denn die Eloi sind geistlose Kindwesen und die Morlocks Kannibalen, die sich von den Eloi ernähren.

Der Autor E. M. Forster (1879–1970), ebenfalls ein ehemaliger Cambridge-Apostel und zeitweiliges Mitglied der Bloomsbury-Gruppe, stellte Wells' Erzählung 1909 seine (einzige) Science-Fiction-Erzählung *The Machine Stops* (dt. *Die Maschine steht still*) gegenüber, die er 1928 in einem Sammelband wiederveröffentlichte. Dort ist die Menschheit als Ganze sowohl physisch als auch vor allem mental von ihren technologischen Errungenschaften abhängig, und als schließlich die Maschine zum Stillstand kommt, reißt sie die Menschheit mit in den Abgrund. Anders als Wells geht es Forster also nicht um gesellschaftliche Verteilungsentwicklungen, sondern um Technologieabhängigkeit, doch mit demselben dystopisch-negativen Resultat.

Keynes kannte beide Autoren persönlich und war mit ihrem Werk und den es begleitenden Diskussionen bestens vertraut. Wie bereits ausgeführt, setzt sich Keynes in seinen *Essays in Persuasion*, deren Abschluss die *Wirtschaftlichen Möglichkeiten* bilden, mit einem anderen Roman des Schriftstellers Wells auseinander, wobei ein thematischer Nenner der beiden »Zukunfts-Aufsätze« in den *Essays* die Bedeutung neo-malthusianischer Ansätze zur Bevölkerungsregulierung ist, über die es zwischen 1926 und 1934 eine öffentliche Debatte zwischen Keynes und Wells gab.[42]

42 Rekonstruiert in: Harrigan/Magness 2020.

Vor diesem Hintergrund lesen sich die *Wirtschaftlichen Möglichkeiten* auch als optimistisches Kontrafakt gegen die pessimistischen Zukunftserzählungen von Wells und Forster, in dem die Technologie nicht nur langfristig von wirtschaftlichen Zwängen und damit einhergehenden Ungleichheiten befreit, sondern auch die zum Fortschritt der Menschheit notwendigen geistigen Ressourcen freisetzt.

Und damit, so könnte man vielleicht behaupten, findet sich der Essay eher auf dem Gebiet der literarischen Utopie als demjenigen der Wirtschaftswissenschaften wieder. Doch da Keynes bestrebt war, nicht nur im Bereich der Ökonomik, sondern auch vor seinen Bloomsbury-Freunden zu glänzen, ist ein solcher gedanklicher Nebenstrang durchaus nicht abwegig.

Echte und unechte Bedürfnisse

Die Studien Siegmund Freuds (1856–1939) haben Keynes nachhaltig beeindruckt: In den beiden Aufsätzen *Charakter und Analerotik* und *Über Triebumsetzungen, insbesondere der Analerotik*[43] stellt Freud einen Zusammenhang zwischen frühkindlicher Sexualität und ihrer möglichen späteren Deformation her, die sich vor allem in einem exzentrischen Verhältnis zum Geld zeige. Die von Keynes als moralische Verirrung betrachtete und also pathologische Liebe zum Geld findet hier ihre psychologisch-psychoanalytische Fundierung.

43 Freud 1966 und 1946.

Tatsächlich wurde die Liebe zum Geld schon in der Antike abgelehnt, und diese Haltung setzte sich das ganze Mittelalter hindurch fort. (Habgier ist eine der sieben Todsünden.) Erst in der frühen Neuzeit, so hat Albert O. Hirschman (1915–2012) in einer wegweisenden Studie gezeigt,[44] wandelte sich die verabscheuungswürdige Leidenschaft fürs Geld in der gesellschaftlichen Wahrnehmung allmählich in ein rationales und gesellschaftsfähiges »Interesse«, das der kapitalistischen Wirtschaftsordnung erst zu ihrem Siegeszug verhalf.

Keynes' Orientierung an Freuds Analysen entdeckt somit gewissermaßen die Psychopathologie des Gelderwerbs als Selbstzweck in modernen Begriffen wieder.[45]

4. Vergangenheit und Zukunft

Betrachtet man die Geschichte des Begriffs ›Arbeit‹, fällt auf, dass seine Vielgestaltigkeit ihn letztlich einer genauen Festlegung entzieht.[46] Man kann jedoch ebenso unschwer erkennen, dass er gegenwärtig mit allen konzeptionellen Schwierigkeiten, die einer solchen Engführung anhaften, vor allem auf die Lohnerwerbsarbeit bezogen wird. In der Typologie der Arbeitsdiskurse, die Andrea Komlosy in ih-

44 Hirschman 1987.

45 Man darf vermuten, dass die hier aufgezeigten geistesgeschichtlichen Bezüge keinesfalls erschöpfend sind.

46 Aktuelle Auseinandersetzungen mit dem Arbeitsbegriff finden sich etwa bei Geuss 2021, Precht 2022, Suzman 2022, Prainsack 2023 oder Honneth 2023, um nur einige wichtige Schriften zu nennen.

rer wichtigen Studie vorschlägt, würde Keynes zweifellos unter die Kategorie »Überwindung der Arbeit« fallen.[47] In seiner Zukunftsvision mühen sich die Menschen zwar noch mit ihren alltäglichen Bedürfnissen und Leidenschaften, doch dank immensen technologischen Fortschritts (und des Zinseszins) scheint die Zeit nun endlich fast gekommen, in der sie die Fesseln der Arbeit von sich werfen können. Ähnliches hatte 45 Jahre vor Keynes bereits Paul Lafargue (1842–1911) in seiner Schrift *Le droit à la paresse* (dt. *Das Recht auf Faulheit*) gefordert: Dann können die Unterdrückten »sich darauf beschränken, nicht mehr als drei Stunden am Tag zu arbeiten und den Rest des Tages und der Nacht zu faulenzen und zu feiern«.[48]

Arbeitsethos und Gegenbewegungen

Wie auch immer man nun im Detail den hier zugrunde liegenden Arbeitsbegriff fasst: Es ist nicht zu übersehen, dass das Fundament des modernen Arbeitsethos Risse zeigt. Schon bei Adam Smith, einem der Gründungsväter der ökonomischen Diskussion, zeigt sich eine fundamentale Spannung, die bis heute nicht aufgelöst ist. Einerseits beruhen die Wohlstandsgewinne kapitalistischen Wirtschaftens auf arbeitsteiliger Produktion, wie Smith es in seinem berühmten Beispiel der Stecknadelfabrik demonstriert hat. Andererseits weist er aber (und das wird leicht übersehen) auch darauf hin, dass gerade diese Produktionsweise die

47 Vgl. Komlosy 2014, S. 25–27.
48 Lafargue 2018, S. 28 f.

Gefahr in sich birgt, dass sie den menschlichen Geist verkümmert:

> Nun formt aber die Alltagsbeschäftigung ganz zwangsläufig das Verständnis der meisten Menschen. Jemand, der tagtäglich nur wenige einfache Handgriffe ausführt, die zudem immer das gleiche oder ein ähnliches Ergebnis haben, hat keinerlei Gelegenheit, seinen Verstand zu üben. [...] So ist es ganz natürlich, daß er verlernt, seinen Verstand zu gebrauchen, und so stumpfsinnig und einfältig wird, wie ein menschliches Wesen nur eben werden kann.[49]

Das vermutlich am häufigsten genannte Argument zur Legitimierung der gegenwärtigen Arbeitsverhältnisse lautet wohl, will man naturalistische Verweise auf einen angeborenen »Beschäftigungstrieb« des Menschen beiseitelassen, dass Lohnarbeit in modernen Gesellschaften über den Lebenserhaltungszweck hinaus vor allem Sinnstiftung, Selbstwert und Erfüllung biete. Diese Maxime einer Gesellschaft, die sich (ob mit Recht oder Unrecht) als »Arbeits- und Leistungsgesellschaft« versteht, wird allerdings zumeist vom gutsituierten Bildungsbürgertum in Anschlag gebracht, für das diese Sichtweise auch durchaus zutreffen mag.

Demgegenüber machte etwa der Psychologe Barry Schwartz schon vor Jahren unter Bezug auf eine internationale GALLUP-Studie darauf aufmerksam, dass nur knapp 20 Prozent aller Arbeitnehmerinnen und Arbeitnehmer sich mit ihrer Arbeit identifizieren und sie als erfüllend betrach-

49 Smith 2003, S. 662.

ten. Ein weiteres knappes Fünftel geht der eigenen Arbeit mit offenem Widerwillen nach, und die verbleibenden nahezu zwei Drittel der Arbeitnehmerschaft arbeiten ohne innere Anteilnahme lediglich dafür, sich ihren Lebensunterhalt zu verdienen.[50] Von Sinnstiftung oder gar Erfüllung kann dabei überwiegend keine Rede sein, und das darf angesichts weiter wachsender Einkommens- und Vermögensungleichheiten, eines aufgeblähten Niedriglohnsektors, prekärer Beschäftigungsverhältnisse, Verdichtung der Arbeitsanforderungen, Vereinzelung am Arbeitsplatz, Entgrenzung der Arbeits- in die Lebenswelt hinein oder dem zunehmenden Anerkennungsverlust vor allem sozialer Arbeit auch kaum verwundern. Der bloße Ruf nach »mehr Bock auf Arbeit«, wie ihn unlängst die Bundesvereinigung der Arbeitgeberverbände hören ließ, tönt dagegen hohl.

Entsprechend mehren sich auch die Anzeichen, dass sich vor allem bei jüngeren Menschen (»Generation Z«) die Einstellung gegenüber beruflicher Arbeit ändert. Ein früher Tod durch Überarbeitung, der im Japanischen eigens mit dem Wort *karōshi* bezeichnet wird und auch im Sprachgebrauch anderer asiatischer Länder geläufig ist, bildet den Extremfall in übermäßig auf Arbeit und Leistung versessenen Industriegesellschaften. Entsprechend erregte jüngst eine von vorwiegend jungen chinesischen Menschen ausgehende Gegenbewegung unter dem Begriff *tǎngpíng* (etwa ›flach liegen‹) mediale Aufmerksamkeit, die sich dem Arbeitsethos durch Stundenreduktion oder gar Kündigung demonstrativ zu entziehen versucht.

50 Schwartz 2015, S. 3, bezieht sich auf eine ältere Studie. Die Studie von GALLUP 2022 zeigt jedoch kaum Veränderung in den Werten.

Eine ähnliche Stoßrichtung besitzt auch das vor allem in den USA in sozialen Medien debattierte Phänomen des *quiet quitting*, das mit dem deutschen ›Dienst nach Vorschrift‹ nur ungenau erfasst werden kann. Eher geht es darum, die eigenen arbeitsvertraglichen Pflichten durchaus präzise zu erfüllen – aber eben auch nicht mehr. Statt Fremd- und Selbstausbeutung im Beruf soll wieder die persönliche Lebensqualität in den Mittelpunkt gerückt werden, die sich keineswegs in Lohnarbeit und Rekreation erschöpft. Auch Versuche mit einer Vier-Tage-Woche, wie sie in England als durchaus erfolgversprechend bewertet[51] und nun stellenweise (wenn auch zögerlich) in Deutschland diskutiert werden, deuten in Richtung einer Abkehr vom ›klassischen‹ Arbeitsethos. Damit nähert sich die Debatte ungeahnt einer Überlegung an, die Marx schon vor 150 Jahren im dritten Band des *Kapitals* angestellt hat und sich bruchlos an Keynes' Gedanken anschließen lässt:

> Das Reich der Freiheit beginnt in der Tat erst da, wo das Arbeiten, das durch Not und äußere Zweckmäßigkeit bestimmt ist, aufhört; es liegt also der Natur der Sache nach jenseits der Sphäre der eigentlichen materiellen Produktion. […] Jenseits de[r]selben beginnt die menschliche Kraftentwicklung, die sich als Selbstzweck gilt, das wahre Reich der Freiheit, das aber nur auf jenem Reich der Notwendigkeit als seiner Basis aufblühn kann. Die Verkürzung des Arbeitstags ist die Grundbedingung.[52]

51 Siehe Autonomy Research 2023.
52 MEW 25, S. 828.

Dabei ist kaum zu übersehen, dass die Arbeitswelt selbst sich derzeit an der Schwelle eines tiefgreifenden Wandlungsprozesses befindet, der von den jüngsten Durchbrüchen im Bereich künstlicher Intelligenz weiter befeuert wird. Seit Carl Benedikt Frey und Michael Osborne 2013 ihre Studie *The Future of Employment* vorlegten – die, so die Autoren, von Keynes' Essay inspiriert wurde –,[53] der zufolge etwa die Hälfte aller Berufe in den nächsten beiden Jahrzehnten der (digitalen) Technologisierung zum Opfer fallen würden, wird das Thema intensiv diskutiert, und es ist keineswegs ausgemacht, dass die freiwerdende Arbeitskraft ebenso gut substituiert werden kann wie in vergangenen industriellen Revolutionen. Durchaus denkbar ist nämlich, dass Keynes' Vision als unfreiwillige soziale Katastrophe Wirklichkeit wird: »Vielen Menschen blüht womöglich das Schicksal nicht der Kutscher des 19. Jahrhunderts – die fortan Taxi fuhren –, sondern der damaligen Pferde, die mit der Zeit aus dem Arbeitsmarkt gedrängt wurden.«[54]

Und heute?

Welcher Wert lässt sich nach dem Gesagten Keynes' Essay entnehmen, einem Text, in dem Vorkriegsnostalgie ebenso deutlich zu spüren ist wie Zukunftsoptimismus, dessen Blick also gleichermaßen rückwärts- wie vorwärtsgewandt ist?

53 Frey/Osborne 2013, S. 3.
54 Harari 2018, S. 66.

Fast zeitgleich mit dem Erscheinen der *Wirtschaftlichen Möglichkeiten* in den *Essays in Persuasion* formulierte Lionel Robbins (1898–1984) von der mit Cambridge konkurrierenden London School of Economics seine berühmte Definition, die bis heute in der Fachwelt Gültigkeit beansprucht:

> Ökonomik ist die Wissenschaft, die menschliches Verhalten als Beziehung zwischen Zwecken und knappen Mitteln untersucht, die unterschiedlich verwendet werden können.[55]

Diese Definition bezeichnet den Wendepunkt einer Disziplin, die sich nicht länger in philosophischer Tradition als politische Ökonomie, sondern endgültig als Wissenschaft von den »Naturgesetzen« des Marktgeschehens versteht. Entsprechend verschob sich in der Folge der Schwerpunkt vom ›menschlichen Verhalten‹, das zunehmend an Bedeutung verlor, und dem Wert der Zwecke hin zu mathematisch beschreibbaren Modellen. Deren diagnostische und vor allem prognostische Kraft bricht sich jedoch stets aufs Neue an der Realität; man denke nur an die Finanzkrise 2008/09, die Millionen von Menschen ihre Existenz gekostet hat, in den Modellen der vorherrschenden Ökonomik jedoch nicht vorkam.

Zudem verbrämt ihre naturwissenschaftliche Orientierung schon seit ihren Anfängen nur unzureichend, dass sie im Kern keineswegs neutral, sondern eine milieuorientierte Wissenschaft ist, vor allem dort, wo sie politisch bera-

55 Robbins 1932, S. 15*.

tend wirkt. Dabei hilft vermutlich die Tatsache, dass viele Menschen wenig über ökonomische Zusammenhänge wissen.[56] Das wird gelegentlich beklagt, aber nicht umfassend behoben, so dass eine kritische Beurteilung wirtschaftspolitischer Entscheidungen und der ihnen zugrunde liegenden akademischen Haltung als Korrektiv vonseiten des »arbeitenden Souveräns« (Axel Honneth) entfällt. Auch die in den vergangenen Jahren zu beobachtende verstärkte ›Rückkehr des Staates‹ in das von Krisen geschüttelte Wirtschaftsgeschehen steht keineswegs unter einem neokeynesianischen Stern, sondern bewegt sich nahezu bruchlos innerhalb der Vorstellungen einer rein marktzentrierten Wirtschaftswissenschaft.

Inzwischen dürfte jedoch einigermaßen klar geworden sein, dass die Polykrise der Gegenwart, wie der Wirtschaftshistoriker Adam Tooze die Gemengelage nennt, ein ›Weiter so‹ verbieten muss. Und vor diesem Hintergrund erweist sich eine Disziplin, deren einziges Maß materieller Wohlstand und unendliches Wachstum in einer endlichen Welt bildet (das zumal seit Jahrzehnten als alternativlos vorgestellt wird), als ungeeignet, die Weichen für eine Zukunft zu stellen, in der wir »weise, angenehm und gut« (S. 16) leben können.

Vielleicht wäre es hilfreich, wenn die Wirtschaftswissenschaften sich wieder darum bemühen würden, Fragen zu stellen, die über die Anwendung abstrakter mathematischer Modelle hinausgehen, und sich darauf zurückbesinnen, dass sie im Kern eine *Sozial*wissenschaft sind, deren

56 Vgl. zum Stand der Finanzbildung in Deutschland aktuell im Überblick etwa Bucher-Koenen/Knebel 2021.

Gegenstand *von* Menschen und *für* Menschen gemachte Institutionen sind. Ein Wert der *Wirtschaftlichen Möglichkeiten* besteht in diesem Zusammenhang darin, so der Ökonom Jean-Paul Fitoussi (1942–2022), eben diese Fragen gestellt zu haben: Führt die Funktionsweise des Kapitalismus selbst zu seiner Überwindung? Bringt das Zeitalter des Überflusses einen radikalen Wandel gegenwärtiger Werte? Und wie könnte das Leben der Menschen dann aussehen?[57]

Diese Fragen werden nicht leicht zu beantworten sein, doch während Keynes seinerzeit mit neuartigen ökonomischen Überlegungen aus den gedanklichen Verkrustungen der zeitgenössischen Tradition ausbrechen wollte, scheinen heute wiederum die dogmatisch erstarrten neoklassischen Ansätze von außen aufgebrochen werden zu müssen. Dabei kann es nicht darum gehen, keynesianisch inspirierte Werkzeuge staatlicher Nachfrage in die gewohnte Wirtschaftsweise zu reintegrieren, wie man es im Nachgang der Finanzkrise von 2008 beobachten konnte. Vielmehr müssen heterodoxe Neuansätze breiter diskutiert und weiterentwickelt werden.

Man wird Keynes' Vorstellungen hier kaum als Vorlage verwenden können: Zu kolonialistisch verengt ist aus heutiger Perspektive sein Blickwinkel, zu elitär seine politische Haltung, zu entrückt sind nicht zuletzt seine Vorstellungen von einem guten Leben. Und doch atmen seine Überlegungen einen Geist, der in unserer Zeit einer neoliberalen Wirtschaftspolitik und ihrer vermeintlichen Alternativlosigkeit umso befreiender wirkt. Dem heute oft zitierten Bonmot, wir könnten uns eher ein Ende der Welt als ein Ende des

57 Fitoussi 2008, S. 151.

Kapitalismus (zumindest in seiner gegenwärtigen Gestalt) vorstellen,[58] setzt Keynes mitten in der größten zeitgenössischen Krise einen ungebrochenen Fortschrittsoptimismus entgegen, und dies zu einer Zeit, der der Politikwissenschaftler Francis Fukuyama eine Schlüsselrolle beim Umschlag vom Optimismus des 19. Jahrhunderts zum Pessimismus des 20. Jahrhunderts zuweist.[59]

In diesem Zukunftsbild, so legt Keynes nahe, ist es allerdings von entscheidender Bedeutung, dass man lernt, Mittel und Zwecke wieder richtig einzuordnen, die alte, aber keineswegs veraltete Frage nach dem guten Leben neu zu stellen und dem Selbstzweck des Gelderwerbs den nachgeordneten Rang zuzuweisen, der ihm über den größten Teil der Kulturgeschichte hinweg zukam. Und wie immer man im Einzelnen zu Keynes' ökonomischen Arbeiten stehen mag, geben die *Wirtschaftlichen Möglichkeiten* in unserer an Dystopien so reichen Zeit doch ein lebhaftes und hoffnungsvolles Beispiel von dem, was Robert Musil (1880–1942) zeitgleich andernorts schrieb:

> Wenn es aber Wirklichkeitssinn gibt, und niemand wird bezweifeln, daß er seine Daseinsberechtigung hat, dann muß es auch etwas geben, das man Möglichkeitssinn nennen kann.[60]

58 Die Formulierung geht zurück auf Frederic Jameson, der zuerst angemerkt haben soll, »that it is easier to imagine the end of the world than the end of capitalism« (Jameson 2005, S. 199).
59 Vgl. Fukuyama 2022, S. 31–43.
60 Musil 1957, S. 16.

Essay: Keynes übersieht den Wachstumszwang im Kapitalismus

Von Ulrike Herrmann

Bis heute fasziniert Keynes' Prognose, dass die Enkel im Jahre 2030 ein wunderbares Leben führen könnten. Denn sein Ausgangspunkt war richtig: Die technischen Innovationen würden ein so immenses Wirtschaftswachstum auslösen, dass die Europäer sehr wohlhabend sein könnten.

Keynes' Rechnung beruhte auf einem simplen Zinseszins: Bereits ein Wachstum von zwei Prozent im Jahr reicht aus, damit die Wirtschaft in 100 Jahren um das 7 1/2-fache zulegt. Einen derartigen Überfluss würden die Menschen gar nicht brauchen, glaubte Keynes, und prognostizierte daher, dass die Arbeitszeit deutlich sinken würde – auf drei Stunden am Tag.

Bekanntlich ist es anders gekommen. Die Arbeitszeiten sind zwar zurückgegangen, aber wir sind weit davon entfernt, nur 15 Stunden in der Woche berufstätig zu sein. Wo liegt sein Fehler?

Viele Autoren vermuten, dass Keynes' Menschenbild falsch war. Genügsamkeit sei nicht unsere Stärke und ein Mehr immer denkbar: größere Häuser, weitere Reisen, wuchtigere Autos. Für viele Europäer sei Wohlstand wichtiger als fast grenzenlose Freizeit. Sie würden lieber arbeiten, als ihren Konsum zu beschränken.

Diese Kritik an Keynes' Menschenbild ist richtig und trifft dennoch nicht den Kern. Hauptfehler sind nicht seine anthropologischen Grundannahmen; stattdessen ist dieser weltberühmte Ökonom einem ökonomischen Fehlschluss aufgesessen. Es wäre gar nicht möglich gewesen, die Arbeitszeiten stark zu senken, denn der Kapitalismus benötigt Wachstum, um stabil zu sein. Hätten aber alle Beschäftigten nur noch 15 Stunden in der Woche gearbeitet, hätte auch ihr Einkommen und der Ausstoß an Gütern abgenommen. Die Wirtschaft wäre dauerhaft geschrumpft, was für den Kapitalismus tödlich ist.

Der Kapitalismus ist nur dann stabil, wenn er expandieren kann. Die Finanzkrise ab 2007 war dafür lehrreich. Kaum sank die Produktion, wurden umfangreiche Konjunkturpakete aufgelegt, um Arbeitsplätze zu retten. Sogar Umweltsünden waren plötzlich erlaubt, um die Wirtschaft anzukurbeln. Wer ein neues Auto anschaffte, erhielt eine staatliche Abwrackprämie von 2500 Euro. 1,75 Millionen Deutsche nutzten dieses Schnäppchen und entsorgten ihre alten Fahrzeuge, die meist noch gut in Schuss waren. Vorsätzlich wurde Müll erzeugt, damit das Wachstum nicht stockte. Ähnlich war es in Österreich, wo eine »Schrottprämie« von 1500 Euro dafür sorgte, dass 30 000 Neuwagen einen Käufer fanden. Selbst Kapitalismuskritiker akzeptierten diesen Umweltfrevel: »Aus kurzfristiger Sicht war das durchaus sinnvoll, um nicht Menschen entlassen zu müssen und wichtige Produktionskapazitäten zu erhalten«, urteilen die Politikwissenschaftler Ulrich Brand und Markus Wissen.[1]

Die Eurokrise ab 2010 zeigte dann erneut, wie schnell Armut einsetzt, wenn das Wachstum ausbleibt. In Griechenland schrumpfte die Wirtschaft um 18,7 Prozent[2] – ein trau-

1 Brand/Wissen 2017, S. 24.

2 https://www.statistics.gr/en/statistics. Die griechische Wirtschaft schrumpfte bis 2016 – und hat sich auch danach kaum erholt. Die

riger Rekord in Friedenszeiten. Ein Drittel aller Unternehmen verschwand für immer, und zwischenzeitlich waren 27 Prozent der Griechen arbeitslos. Sie stürzten oft in hoffnungslose Armut, weil es in Griechenland keine Sozialhilfe gibt und die Arbeitslosenversicherung nur ein Jahr lang einspringt. Bis heute hat sich die griechische Wirtschaft davon nicht völlig erholt, so dass der Nachwuchs das Land verlässt: 400 000 junge Griechen arbeiten inzwischen in anderen europäischen Staaten, 69 Prozent davon sind Akademiker.[3]

Auch die Corona-Krise führte vor, dass unser Wirtschaftssystem zum Wachstum verdammt ist. In den meisten Ländern dauerten die Lockdowns nur wenige Wochen, und dennoch beliefen sich die Corona-Schäden weltweit auf Billionen Dollar. Viele Unternehmen wären pleitegegangen und fast alle Beschäftigten arbeitslos geworden, wenn die Industriestaaten nicht immense Hilfsprogramme aufgelegt hätten, um die Wirtschaft zu stabilisieren. Allein die EU mobilisierte mehr als eine Billion Euro. Zusätzlich gab Deutschland etwa 500 Milliarden Euro aus, in Österreich waren es 70 Milliarden Euro[4] und in der Schweiz 40 Milliarden Franken.[5]

Corona-Krise führte 2020 zu einem weiteren Einbruch von 9 Prozent.

3 Katerina Papakonstantinou, »Discussing the Brain Drain«, 10. März 2021: https://blogs.lse.ac.uk/greeceatlse/2021/03/10/discussing-the-brain-drain/. Zur Eurokrise siehe Herrmann 2022b, S. 233.

4 Klaus Prettner: »Was hat Corona bis jetzt den österreichischen Staat gekostet?«, 2. August 2021: https://www.wu.ac.at/mobile-first/news/details/detail/was-hat-corona-bis-jetzt-den-oesterreichischen-staat-gekostet/. In der Zahl von 70 Milliarden Euro sind auch die Steuerausfälle durch Corona berücksichtigt.

5 Der Bundesrat. Das Portal der Schweizer Regierung, »Coronavirus:

Der Kapitalismus ist nur stabil, solange er wächst. Daher wird er gern mit einem Fahrrad verglichen, das umfällt, sobald es nicht mehr bewegt wird.[6]

Doch wie genau entsteht dieser Wachstumszwang? Eine Antwort lautet: Wachstum kann nur entstehen, wenn Kredite aufgenommen werden – aber genau diese Darlehen lassen sich anschließend nur zurückzahlen, wenn es weiteres Wachstum gibt. Es ist kein Zufall, dass der Kapitalismus gleichzeitig eine Geldwirtschaft ist. Er wird durch Kredite angetrieben.

Diese permanente Spirale von Kredit und Wachstum hat der Schweizer Ökonom Mathias Binswanger plastisch am Beispiel einer fiktiven Fischerinsel erläutert:[7] Am Anfang der Geschichte besitzen die Fischer nur kleine Holzboote. Ihren Fang verkaufen sie an andere Inselbewohner – dafür decken sie sich im Gegenzug mit Lebensmitteln ein oder gehen in die Kneipe. Es handelt sich also um eine Kreislaufwirtschaft, die nicht wächst.

Doch dann kommt eine neue Regierung an die Macht, die eine internationale Unternehmensberatung beauftragt, die Wachstumsmöglichkeiten der Insel auszuloten. Die Ökonomen empfehlen, dass die Fischer in neue Motorboote investieren sollten, um ihre Fanggebiete deutlich zu erweitern. Gleichzeitig würde sich ihre Produktivität

Stand der Ausgaben per Ende Juni«, 30. Juni 2021: https://www.admin.ch/gov/de/start/dokumentation/medienmitteilungen.msg-id-84265.html. Die Zahl von 40 Milliarden Franken deckt nur die Corona-Ausgaben wie etwa das Kurzarbeitergeld ab. Die Steuerausfälle durch die Pandemie bleiben unberücksichtigt.

6 Klingholz 2021, S. 260; Phillips 2015, S. 59; Kern 2019, S. 190.

7 Binswanger 2019, S. 101.

wesentlich erhöhen, weil sie viel mehr Seegetier fangen könnten.

Die Fischer lassen sich überzeugen und nehmen einen Kredit auf, um das neue Motorboot zu finanzieren. Durch diesen Auftrag haben die Bootsbauer zusätzliches Einkommen und gehen unter anderem häufiger in die Kneipe. Das zusätzliche Geld kommt also indirekt allen Einwohnern der Insel zugute. Allerdings sind diese neuen Einkommen auch nötig, damit die Fischer Käufer für ihre zusätzlichen Fische finden und ihre Darlehen wieder tilgen können. Plötzlich wächst die Wirtschaft der Insel: Es werden mehr Boote gebaut, mehr Biere gezapft und mehr Fische gefangen – dank des Kredits.

Diese kleine Geschichte wirft einige Fragen auf: Ist ein Kredit überhaupt nötig? Könnten die Fischer nicht so lange sparen, bis sie den Kaufpreis des Motorboots beisammen haben? Nein. Es mag erstaunlich klingen, aber es wäre keine gute Idee, wenn die Fischer erst einmal Geld beiseitelegten. Sparen macht eine Volkswirtschaft arm, nicht reich. Man stelle sich einmal vor, die Fischer würden die Bootskosten zusammenkratzen, indem sie nicht mehr in die Kneipe gehen. Dann würde das Einkommen der Wirte sofort schrumpfen und die Wirte könnten keine Fische mehr kaufen. Da die Erlöse der Fischer nun sinken, könnten sie sich kein neues Motorboot mehr leisten. Stattdessen wären ihre Einkünfte jetzt so mager, dass sie ihre traditionellen Boote lieber selbst reparieren und keine Handwerker mehr beschäftigen. Nun könnten sich die Bootsbauer keine Fische mehr leisten, und die Fischer würden noch ärmer. Kurz: Sparen ist also extrem gefährlich, weil plötzlich die Nachfrage fehlt.

Es mag überraschend wirken, dass Sparen schädlich sein soll. Denn jeder Einzelne fühlt sich reicher, wenn er Geld zurücklegt und das Guthaben auf dem eigenen Konto wächst. Doch darf man nicht Betriebswirtschaft und Volkswirtschaft miteinander verwechseln. Einige Familien oder Unternehmen können ruhig sparen – aber nicht alle gleichzeitig. Das Geld auf dem Konto behält nur dann seinen Wert, wenn andere Darlehen aufnehmen, um zu investieren.

Und warum muss sich die Wachstumsspirale auf der Insel immer weiterdrehen? Theoretisch wäre es doch vorstellbar, dass sich die Fischer mit einigen Motorbooten begnügen und irgendwann in Rente gehen, statt immer weiter auf dem Meer zu schuften. Warum ist es nicht möglich, ein bisschen Wachstum zu genießen – und dann wieder auszusteigen?

Auch diesen Fall hat Binswanger durchgespielt: Würden die Fischer plötzlich keine Schiffe mehr ordern, fehlten diese Einnahmen bei den Bootsbauern, die jene Arbeiter wieder entlassen müssten, die sie inzwischen eingestellt haben. Also würden weniger Biere in den Kneipen gezapft und weniger Fische gekauft – die Wirtschaft schrumpft.

Der Kapitalismus ist ein dynamisches System. Er muss wachsen, um seinen Absturz zu vermeiden. Krisen kommen zwar vor, aber sie gehen nur dann vorüber, wenn Staat und Unternehmer auf neues Wachstum hoffen – und deswegen investieren.

Unternehmer investieren jedoch nur dann, wenn sie zusätzliche Profite erwarten. Jeder weiß, was ein Gewinn ist: Er ergibt sich, wenn die Erlöse größer als die Kosten sind. Das klingt harmlos, ist es aber nicht. Denn in einer Volkswirtschaft können die gesamten Einnahmen nur dann über den gesamten Ausgaben liegen, wenn von außen Geld zufließt. Die Gewinne werden also aus den Krediten finanziert, die gleichzeitig das Wachstum ermöglichen.[8]

Profite sind auch deswegen nötig, weil die Unternehmen sonst gar keine Kredite bekämen. Banken wollen sichergehen, dass Darlehen zurückgezahlt werden – was nicht möglich wäre, wenn Betriebe Verlust erwirtschaften. Im Kapitalismus sind also Kredite, Investitionen, Gewinne und Wachstum engstens miteinander verwoben. Bleibt das Wachstum dauerhaft aus, bricht das System zusammen. Die Wirtschaft schrumpft, bis nur noch ärmliche Selbstversorgung übrig bleibt.

Bleibt ein letzter Aspekt, der das Wachstum ständig anheizt: In vielen Branchen herrscht gnadenloser Wettbewerb. Die Firmen müssen ständig in neue Maschinen investieren, um mit weniger Personal mehr Güter herzustellen, damit sie nicht von ihren Konkurrenten geschluckt oder verdrängt werden. Dieser technische Fortschritt kostet permanent Jobs. Trotzdem kommt es nicht zur massenhaften Arbeitslosigkeit, weil gleichzeitig die Wirtschaft wächst und neue Stellen schafft.

Der Kapitalismus funktioniert also anders, als die Werbung nahelegt: Es geht nicht darum, unsere Bedürfnisse zu befriedigen, indem wir neuartige Waren konsumieren. Die Produkte sind nur Hilfsmittel für einen höheren Zweck. Das Endziel sind Arbeitsplätze. Wir arbeiten, um zu arbeiten. Denn nur wer Arbeit hat, hat Einkommen, Sicherheit und Anerkennung.

8 Vgl. Binswanger 2019, S. 12 und S. 50; Jackson 2021, S. 28 f.

Der US-amerikanische Ökonom John Kenneth Galbraith (1908–2006) hat bereits 1958 auf ein seltsames Phänomen hingewiesen: In einer Wirtschaftskrise wird nie bedauert, dass viele Waren nicht entstehen, weil die Fabriken nicht voll ausgelastet sind. Es ist den Menschen egal, dass die Gütermenge sinkt. Niemand leidet, weil plötzlich weniger Autos hergestellt werden. Stattdessen werden nur die Arbeitsplätze beklagt, die in der Krise wegfallen.[9] Angeblich konsumieren wir uns zu Tode – aber dies ist eine falsche Wahrnehmung. Wir produzieren uns zu Tode. Das kollektive Ziel ist Vollbeschäftigung, nicht Vollkonsum.

Manche Kapitalismuskritiker meinen dennoch, dass der Wachstumszwang nur eine »ideologische Konstruktion« oder ein »kollektiver Mythos« sei.[10] Denn der Begriff »Wirtschaftswachstum« kam erst in den 1950er Jahren auf,[11] während zuvor andere Worte wie »Wohlstand«, »Fortschritt« oder »Entwicklung« benutzt wurden. So richtig diese linguistische Beobachtung ist, folgt daraus nicht, dass das neue Interesse am Wachstum ein beliebiges Narrativ gewesen wäre. Stattdessen hat die Politik nur verspätet die ökonomischen Realitäten zur Kenntnis genommen: Die schwere Weltwirtschaftskrise ab 1929 hatte Millionen in die bitterste Armut gestürzt, und derartige Crashs wollte man künftig vermeiden. Der Wachstumszwang ist real und kein Mythos.

Es ist erstaunlich, dass Keynes den Wachstumszwang

9 Vgl. Galbraith 1999, S. 217–222.

10 Schmelzer/Vetter 2019, S. 57; Harald Welzer über Aufhören, Interview, in: *Süddeutsche Zeitung*, 13. November 2021.

11 Vgl. zur »Allgemeinen Theorie« von Keynes Herrmann 2018, S. 181-204.

im Kapitalismus nicht wahrgenommen hat – obwohl er sich in seiner *General Theory of Employment, Interest and Money* so intensiv mit der Frage beschäftigt hatte, wie Wirtschaftswachstum entsteht. Ein Grund könnte sein, dass Keynes nicht mehr die Zeit hatte, alle Aspekte seines ökonomischen Denkens zusammenzudenken. Keynes erkrankte 1937 lebensgefährlich und starb 1946 im Alter von nur 62 Jahren. In seiner letzten Lebensphase war Keynes nur noch eingeschränkt arbeitsfähig und vor allem mit dem Problem beschäftigt, wie Großbritannien den Zweiten Weltkrieg finanzieren sollte und wie sich anschließend eine stabile Weltwährungsordnung etablieren ließe. Um seine Wachstumstheorie konnte er sich nicht mehr kümmern. Er ist der bedeutendste Ökonom aller Zeiten, aber seine Lebenszeit reichte nur aus, um die Umrisse einer Theorie zu hinterlassen.

So blieb der Essay über *Economic Possibilities of Our Grandchildren* eine Einzelbetrachtung, die nicht in Keynes' Gesamtwerk eingebettet wurde. Trotzdem ist dieser kurze Text faszinierend, weil auch Nichtökonomen sofort einsehen, dass man auf einer endlichen Erde nicht unendlich wachsen kann. Oder wie es der US-amerikanische Schriftsteller Edward Abbey (1927–1989) einmal ausdrückte: »Wachstum um des Wachstums willen ist die Ideologie der Krebszelle.«[12]

Schon jetzt konsumieren Deutsche, Österreicher und Schweizer, als könnten sie drei Planeten verbrauchen. Andere Weltbewohner gehen sogar noch rabiater mit der Natur um: Die US-Amerikaner, Kanadier und Australier ver-

12 Zit. nach: Binswanger 2019, S. 23.

prassen bereits fünf Planeten. Viele Klimaaktivisten sind daher überzeugt, dass die Natur nur überleben kann, wenn der Kapitalismus endet. Also haben sie den eingängigen Slogan geprägt: »system change, not climate change«.

An Visionen mangelt es nicht, wie eine ökologische Kreislaufwirtschaft aussehen könnte, in der nur noch so viel verbraucht wird, wie sich recyceln lässt. Die Stichworte erinnern oft an Keynes: Propagiert wird unter anderem Konsumverzicht, Arbeitszeitverkürzung oder ein bedingungsloses Grundeinkommen. Die reale Arbeitswelt der Enkel hat Keynes falsch eingeschätzt – aber seine intellektuellen Enkel hat er in der Degrowth-Bewegung gefunden.

Die Wachstumskritiker haben liebevoll beschrieben, wie sich klimaneutral leben ließe: Man würde nur noch regionale und saisonale Produkte nutzen, könnte Freunde treffen, notwendige Reparaturen selbst durchführen und Kleider selbst nähen. Viele Gebrauchsgegenstände würde man mit den Nachbarn teilen, zum Beispiel Rasenmäher, Bohrmaschinen, Spielzeuge oder Bücher.

Diese klimaneutrale Konsumwelt klingt vielleicht romantisch und nach alten Zeiten, aber sie meint keine Rückkehr in die Vormoderne. Die Degrowth-Bewegung schätzt die Maschinen, die der Kapitalismus entwickelt hat und die das Leben so bequem machen. Waschmaschinen, Computer und Internet sollen bleiben. Von einem ›grünen Bullerbü‹ wird nicht geträumt, und das hätte dem technikbegeisterten Keynes bestimmt gefallen.

Allerdings machen die intellektuellen Enkel immer noch den gleichen Fehler wie Keynes: Die Vision wird mit dem Weg verwechselt. Das Ziel soll zugleich der Übergang sein. Nur selten wird gefragt, wie man eigentlich aus einem wachsenden Kapitalismus aussteigen soll, ohne eine schwere Wirtschaftskrise zu erzeugen und Millionen Menschen in die Arbeitslosigkeit zu schicken. Weiterhin fehlt die Brücke aus der dynamischen Gegenwart in eine statische Zukunft.

Zum Glück gibt es bereits ein historisches Modell, das als Vorbild taugen könnte: die britische Kriegswirtschaft ab 1939. Damals standen die Briten vor einer monströsen Herausforderung. Sie hatten den Zweiten Weltkrieg nicht wirklich kommen sehen und mussten nun in kürzester Zeit ihre Wirtschaft komplett auf das Militär ausrichten, ohne dass die Bevölkerung hungern würde.

Es entstand eine Planwirtschaft, die bemerkenswert gut funktionierte. Die Fabriken blieben in privater Hand, aber der Staat steuerte die Produktion – und organisierte die Verteilung der knappen Güter. Es gab keinen Mangel, aber es wurde rationiert.

Diese Mengen- und Preiskontrollen waren in Großbritannien ungemein populär. Wie die britische Regierung bereits 1941 feststellen konnte, war das Rationierungsprogramm einer der größten Erfolge an der Heimatfront.[13] Denn die staatlich verordnete Gleichmacherei erwies sich als ein Segen: Ausgerechnet im Krieg waren die unteren Schichten besser versorgt als je zuvor. Die Briten erfanden also eine private und demokratische Planwirtschaft, die mit dem dysfunktionalen Sozialismus in der Sowjetunion nichts zu tun hatte.

Um Missverständnisse zu vermeiden: Nicht jede Kriegswirtschaft eignet sich als Vorbild. Das gilt für Hitlers Autar-

13 Zweiniger-Bargielowska 2017, S. 89.

kiepolitik genauso wie für Putins Angriff auf die Ukraine. Die Briten haben jedoch eine Version entwickelt, von der sich lernen lässt. Keynes war damals in die direkte Planung nicht involviert, aber als Zeitgenosse hat er ein ökonomisches Modell miterlebt, das tatsächlich die Zukunft der Enkel sein könnte.

Zeittafel

1883 John Maynard Keynes wird am 5. Juni in Cambridge als erstes Kind einer Akademiker-Familie geboren.

1897 Besuch des renommierten Eton College (bis 1902).

1902 Beginn des Studiums der Mathematik am King's College in Cambridge, daneben studiert Keynes auch Philosophie und Geschichte (bis 1906).

1903 Aufnahme bei den Cambridge-Aposteln, einem geheimen Debattierclub, dem führende Köpfe der Universität angehörten.

1906 Nach dem Studium zweijähriger Dienst im India Office in London; die geringe Arbeitsbelastung erlaubt es Keynes, einen Großteil seiner Arbeitszeit auf seine Dissertation zu verwenden.

1907 Kontakt mit der Bloomsbury-Gruppe, der er zeitlebens angehören wird.

1908 Beginn einer Liebesbeziehung mit dem Maler Duncan Grant (1885–1978), die trotz Keynes' vielen homosexuellen Affären bis 1915 fortdauert.

1909 Keynes' Dissertation wird angenommen; er wird Fellow am King's College und lehrt dort Ökonomik.

1911 Herausgeber des *Economic Journal*, einer der angesehensten wirtschaftswissenschaftlichen Zeitschriften (bis 1944).

1915 Arbeit im britischen Schatzamt in der Abteilung für Kriegsfinanzierung bis zum Ende des Ersten Weltkriegs.

1916 Einzug im Haus 46 Gordon Square, einem zentralen Ort der Bloomsbury-Gruppe, wo er zeitlebens eine Wohnung behält.

1919 Teilnahme an der Versailler Friedenskonferenz als Mitglied der britischen Delegation; frühzeitige Abreise aus Protest gegen die Reparationsforderungen der Alliierten; die Streitschrift *Die wirtschaftlichen Folgen des Friedensvertrags* macht Keynes schlagartig international bekannt.

1921 *A Treatise on Probability* (dt. *Über Wahrscheinlichkeit*), Keynes' Dissertation, erscheint.

1923 *A Tract on Monetary Reform* (dt. *Über Währungsreform*).

1924 Keynes wird Schatzmeister des King's College, dessen Vermögen er zu seinen Lebenszeiten erheblich vermehrt.

1925 Hochzeit mit der russischen Balletttänzerin Lydia Lopokova (1892–1981); Russland-Reise, deren Eindrücke Keynes in mehreren Zeitschriftenartikeln (*A Short View of Russia*) wiedergibt; in *The Economic Consequences of Mr. Churchill* (dt. *Die wirtschaftlichen Folgen von Mr. Churchill*) rechnet er scharf mit Churchills konservativer Finanzpolitik ab; in *Am I a Liberal?* bekennt sich Keynes mit Einschränkungen zur Liberalen Partei.

1926 *The End of Laissez-faire* (dt. *Das Ende des Laissez-faire*), bis heute einflussreichster wirtschaftstheoretischer Aufsatz, erscheint.

1928 Mehrere Vorträge über die wirtschaftlichen Möglichkeiten unserer Enkel in Cambridge und Winchester.

1929 Mitglied des MacMillan-Committee zur Untersuchung der schlechten Wirtschaftslage.

1930 *A Treatise on Money* (dt. *Vom Gelde*); Vortragsreise nach Madrid; Keynes wird Mitglied des Wirtschaftsbeirats des Premierministers (bis 1939); *Economic Possibilities for our Grandchildren* erscheint.

1931 Die *Essays in Persuasion* erscheinen, die auch die *Economic Possibilities* enthalten.

1933 *Essays in Biography.*

1936 *The General Theory of Employment, Interest and Money* (dt. *Allgemeine Theorie der Beschäftigung, des Zinses und des Geldes*), Keynes' Hauptwerk, erscheint.

1937 Herzinfarkt und anschließende längere Krankheit.

1940 *How to Pay for the War: A Radical Plan for the Chancellor of the Exchequer*; Mitglied im Beraterstab des Schatzamtes.

1942 Nobilitierung zum »Baron Keynes of Tilton« und Aufnahme in das Oberhaus (der erbliche Titel erlischt mit Keynes' Tod, da er kinderlos bleibt).

1944 Leiter der britischen Delegation der Bretton-Woods-Konferenz zur Ausarbeitung des Weltwährungssystems der Nachkriegszeit.

1946 Keynes stirbt am 21. April auf seinem Landsitz in Tilton.